KB053300

100가지 질문으로 마스터하는

Omega 일본어
완전정복
Q100

야마무라 지요(山村知代)

現) 번역가로 활동 중
前) 일본 미야자키 여자대학교 졸업
천안 외국어학원 일본어 강사
다수 기업체 사내 일본어 강사
지자체 홍보물 일본어 번역사 활동
다문화가정 자원봉사단 활동

Omega 일본어 완전정복 Q100

저 자 야마무라 지요(山村知代)
발행인 고본화
발 행 반석출판사
2018년 9월 5일 초판 1쇄 인쇄
2018년 9월 10일 초판 1쇄 발행
반석출판사 | www.bansok.co.kr
이메일 | bansok@bansok.co.kr
블로그 | blog.naver.com/bansokbooks

07547 서울시 강서구 양천로 583. B동 1007호
(서울시 강서구 염창동 240-21번지 우림블루나인 비즈니스센터 B동 1007호)
대표전화 02) 2093-3399   **팩 스** 02) 2093-3393
출 판 부 02) 2093-3395   **영업부** 02) 2093-3396
등록번호 제315-2008-000033호

Copyright ⓒ 야마무라 지요(山村知代)

ISBN 978-89-7172-875-8 (13730)

100가지
질문으로
마스터하는

Omega 일본어
완전정복
Q100

반석출판사
Bansok

머리말

일본을 가깝고도 먼 나라라고 하지요. 지리적으로는 가장 가깝지만, 여러 가지 이유로 멀게 느껴지는 나라. 하지만 일본은 경제적, 문화적으로 우리나라와 교류가 활발한 나라입니다. 그러다 보니 점점 많은 사람들이 여행이나 취업 등의 이유로 일본을 찾고 있고, 그럴수록 일본어 회화의 수요도 커지고 있습니다. 꾸준히 일본어에 관심이 많았던 젊은이들뿐 아니라 중장년층에서도 일본어에 대한 관심이 높아지고 있습니다.

질문을 잘해야 답도 잘할 수 있습니다. 질문을 잘 알아들어야 정확하게 답변을 할 수 있기 때문입니다. 이 책은 그런 전제에서 시작되었습니다. 던져진 질문에 대해 대답해가는 과정을 반복하다 보면 어느새 일본어에 익숙해질 것입니다.

이 책은 총 100개의 질문을 제시하여 다양한 질문과 그 질문에 알맞은 답변을 할 수 있도록 구성하였습니다. 100개의 질문을 총 10개의 주제로 분류하여 주제에 맞는 다양한 질문을 제시하고 그에 맞는 답변들을 소개하였습니다. 또한 대화문을 통해 실제 상황에서 질문을 어떻게 활용하고 어떻게 답변하는지를 배울 수 있도록 구성하였습니다.

본문에 있는 모든 일본어 문장은 반석출판사 홈페이지에서 무료로 제공되는 mp3 파일에 녹음되어 있습니다. 원어민이 녹음한 음원을 들으면서 효율적으로 공부하실 수 있으니 적극적으로 활용해 보세요.

본 교재가 학습자에게 일본어의 새로운 학습법이 되고 학습에 도움이 되기를 바랍니다.

구성

이 책은 10개의 주제로 분류하여 각 주제별로 10개의 질문으로 구성하였고, 각 질문에 답변을 제시하였습니다.

질문과 답변

타이틀이 되는 질문과 그 질문에 알맞은 답변 세 가지, 그리고 해당 페이지의 주요 표현에 대한 설명을 제시하였습니다.

관련 표현

타이틀 문장과 답변에 관련된 표현들을 네 개 제시하고 해당 페이지에 사용된 주요 단어와 팁을 정리하였습니다.

대화문

타이틀 문장을 활용한 대화문을 싣고 사용된 주요 단어와 팁을 정리하였습니다.

5

목차

Part 01 소개

こんにちは。

곤니찌와

일반적으로 こんにちは는 낮시간의 인사로 사용됩니다만, 보통 '잘 지내셨어요?' 또는 '안녕하세요?' 라는 의미를 가집니다. 처음 보는 사람과의 첫 대면 시에도 사용합니다.

こんにちは。
곤니찌와

안녕하세요.

こんにちは。お元気ですか。
곤니찌와 오겡끼데스까

안녕하세요. 잘 지내십니까?

こんにちは。お久しぶりです。
곤니찌와 오히사시부리데스

안녕하세요. 오랜만이네요.

TIP

▶ お元気ですか는 일반적인 의미에서 '안녕하세요'라는 뜻으로 사용되며 주로 건강과 안부에 관련된 인사입니다. 위에서 설명한 こんにちは는 건강과 안부와 관련되기보다는 일반적인 인사의 의미로 사용됩니다.

☑ 안녕하세요.(아침인사)

おはようございます。

오하요- 고자이마스

☑ 안녕하세요.(저녁인사)

こんばんは。

곤방와

☑ 잘 지냈어?

元気。
げんき

겡끼

☑ 오늘은 날씨가 좋네요.

今日はいいお天気ですね。
きょう　　　　　　　てんき

쿄와 이- 오텐끼데스네

단어

元気 건강, 안녕
げんき

今日 오늘
きょう

いい 좋다, 괜찮다

天気 날씨
てんき

▶일본어는 한국어와 달리 시간별로 인사하는 방법이
나누어져 있습니다. 위의 관련 표현을 통해서 하루의
시간대별로 사용되는 인사 방법을 잘 익혀서 상황에 따
라 사용해 보시기 바랍니다.

A : 안녕하세요.

こんにちは。

곤니찌와

B : 안녕하세요.

こんにちは。

곤니찌와

A : 오랜만이네요.

お久しぶりですね。

오히사시부리데스네

B : 그러네요. 잘 지내셨어요?

そうですね。お元気でしたか。

소-데스네 오겡끼데시타까

A : 변함없어요. 스즈키 씨는요?

相変わらずです。鈴木さんは。

아이카와라즈데스 스즈끼상와

B : 저도 변함없습니다.

私も変わりありません。

와따시모 카와리아리마센

相変わらず 변함없이, 그대로

鈴木 스즈키(일본인의 성)

私 나, 저

お久しぶりですは 이미 알고 있는 사람과 재회했을 때 사용되는 인사말로 '오랜만입니다'라는 뜻입니다. お~를 붙이는 것은 격식이 필요한 사이 또는 윗사람에게 사용하는 것입니다.

自己紹介してくださいますか。
じ こ しょう かい

지꼬쇼-까이시떼 구다사이마스까

'소개 좀 해주시겠어요?'라는 의미로 사용되는 표현으로 상대방에게 상대방의 소개를 부탁할 때에 사용할 수 있는 표현입니다. 공식적인 자리에서도 자주 사용되는 표현입니다.

はい。わかりました。
하이 와까리마시다

네, 알겠습니다.

はい。私は山村です。
わたし　やま むら
하이 와따시와 야마무라데스

네. 저는 야마무라입니다.

では、自己紹介します。
じ こ しょう かい
데와 지꼬쇼-까이시마스

그럼, 제 소개하겠습니다.

TIP

▶ 어떤 화제를 정리하거나 시작하는 시점에 사용되는 では는 それでは의 줄임말로서 '그럼' 또는 '그렇다면'의 의미입니다.

13

☑ 제 소개를 하겠습니다.

私の紹介をします。
わたし　しょうかい

와따시노 쇼-까이오 시마스

☑ 소개해 주다.

紹介してくれる。
しょうかい

쇼-까이시떼쿠레루

☑ 난 야마무라야.

私は山村だよ。
わたし　やまむら

와따시와 야마무라다요

☑ 잘 부탁합니다.

よろしくお願いします。
ねが

요로시꾸 오네가이시마스

▶ 자신을 소개한 후에는 よろしくお願いします라는 표현을 함께 사용하는 경우가 일반적입니다. 자신을 소개한 이후에 마무리하는 표현입니다.

단어

紹介 소개
しょうかい

山村 야마무라 (일본인의 성)
やまむら

お願い 부탁
ねが

14

대화문

A : 자기소개를 해 주시겠어요?

自己紹介してくださいますか。
じ こ しょうかい

지꼬쇼–까이시떼 구다사이마스까

B : 네, 저는 김하나입니다.

はい。私はキム・ハナです。
わたし

하이 와따시와 기무하나데스

A : 김하나 씨군요. 저는 다나카입니다.

キム・ハナさんですね。私は田中です。
わたし た なか

기무하나상데스네 와따시와 다나까데스

B : 다나카 씨 잘 부탁드립니다.

田中さん、よろしくお願いします。
た なか ねが

다나까상 요로시꾸 오네가이시마스

A : 저야말로 (잘 부탁드립니다).

こちらこそ。

고찌라코소

B : 만나서 기쁩니다.

会えてうれしいです。
あ

아에떼 우레시–데스

단어

どうぞ 부디, 아무쪼록

こちらこそ 저야말로, 이쪽이야말로

こちらこそ는 상대방의 인사, 감사와 사과에 대해 정중하게 대답하면서 부드럽게 화제를 마무리하는 표현으로, '저야말로..'라는 뜻입니다.

最近どうですか。
さいきん

사이낀 도-데스까

'요즘은 어떠세요?'라는 뜻으로 상대방의 근황이나 안부를 물어보는 상황에 자주 사용되며, 물어보는 대상이 사람의 안부 또는 일의 진척 상황 등이 될 수도 있습니다.

特に変わりありません。
とく　か

토꾸니 카와리아리마센

별일없습니다.

風邪をひいていました。
かぜ

가제오 히-떼 이마시다

감기에 걸렸습니다.

仕事で忙しかったです。
しごと　いそが

시고또데 이소가시깟따데스

일로 바빴습니다.

TIP

▶ '감기'를 나타내는 風邪와 '바람'을 나타내는 風는 동일하게 かぜ로 발음됩니다. 발음은 동일하지만 한자의 차이가 있음을 기억해 두세요.

관련표현

☑ 요즘 어때?

最近どう。
さい きん

사이낀 도-

☑ 오늘 기분 어때요?

ご機嫌いかかですか。
き げん

고끼겐 이까가데스까

☑ 잘 지냈어?

元気だった。
げん き

겡끼닷따

☑ 변함없어요.

相変わらずです。
あい か

아이까와라즈데스

▶最近どうは 보통 친근한 사이나 아랫사람에게 안부를
さいきん
묻는 표현으로 사용할 수 있습니다. 처음 만나는 사람
에게는 사용하지 않습니다.

단어

最近 최근, 요즘
さいきん

機嫌 기분
きげん

A : 요즘 어떠세요?

最近どうですか。
さい きん

사이긴 도-데스까

B : 일로 힘들었습니다.

仕事で大変でした。
し ごと たい へん

시고또데 다이헨데시다

A : 그러셨습니까. 오늘 밤 시간 있습니까?

そうでしたか。今夜、時間あります
こん や じ かん

か。

소-데시다까 콘야 지깐 아리마스까

B : 네, 있습니다.

はい、あります。

하이, 아리마스

A : 저녁식사 같이 어떠세요?

夕食一緒にどうですか。
ゆう しょく いっ しょ

유-쇼꾸 잇쇼니 도-데스까

B : 좋네요.

いいですね。

이-데스네

大変 몹시, 매우
たい へん

今夜 오늘 밤
こん や

時間 시간
じ かん

夕食 저녁식사
ゆう しょく

一緒に 함께, 같이
いっ しょ

一緒にどうですかは 상대방에게 어떤 행위를 함께할 것을 부드
いっしょ
럽게 권유하거나 의사를 확인하는 표현입니다. 특히 격식을 갖추
야 하거나 비즈니스 관계의 상대방에게 사용할 수 있습니다.

あなたは韓国人<ruby>韓国人<rt>かん こく じん</rt></ruby>ですか。

아나따와 간꼬꾸진데스까

'당신은 한국인입니까?'라고 묻는 표현입니다. 일본은 한국에 비해 국제화가 되어 있는 사회로서 다양한 국적의 사람들이 생활하고 있습니다. 위의 표현은 상대방의 국적을 물어볼 때 사용합니다.

はい。私<ruby>私<rt>わたし</rt></ruby>は<ruby>韓国人<rt>かん こく じん</rt></ruby>です。
하이 와따시와 간꼬꾸진데스

맞습니다. 저는 한국인입니다.

いいえ、私<ruby>私<rt>わたし</rt></ruby>は<ruby>日本人<rt>に ほん じん</rt></ruby>です。
이-에 와따시와 니혼진데스

아니요, 저는 일본인입니다.

はい。あなたも<ruby>韓国人<rt>かん こく じん</rt></ruby>ですか。
하이 아나따모 간꼬꾸진데스까

네, 당신도 한국인입니까?

TIP

▶ 보통 국가명과 사람을 함께 사용하면 그 나라의 사람을 나타냅니다. 예를 들어 한국사람의 경우 韓国人<ruby>韓国人<rt>かんこくじん</rt></ruby>이나 韓国<ruby>韓国<rt>かんこく</rt></ruby>の方<ruby>方<rt>かた</rt></ruby>(한국 분) 또는 韓国<ruby>韓国<rt>かんこく</rt></ruby>の人<ruby>人<rt>ひと</rt></ruby>(한국 사람)으로 표시할 수 있습니다. 이때 韓国<ruby>韓国<rt>かんこく</rt></ruby>の方<ruby>方<rt>かた</rt></ruby>은 상대방을 높여 부를 때에 사용하며 韓国<ruby>韓国<rt>かんこく</rt></ruby>の人<ruby>人<rt>ひと</rt></ruby>는 제3자 또는 자신을 말할 때에 사용합니다.

☑ 남편은 일본인입니다.
夫は日本人です。

옷또와 니혼진데스

☑ 한국사람 같네요.
韓国人ぽいですね。

간꼬꾸진뽀이데스네

☑ 서양인 같네요.
西洋人みたいですね。

세이요-진미따이데스네

☑ 일본어를 잘하시네요.
日本語が上手ですね。

니혼고가 죠-즈데스네

단어

夫 남편, 신랑

韓国人 한국사람

~ぽい ~스러운

日本人 일본사람

西洋人 서양사람

▶~ぽい는 '~같다'는 표현입니다. 긍정적인 상황에서
도 사용하지만 부정적인 인상에 대해서도 표현할 수 있
습니다.

A : 당신은 한국사람인가요?

あなたは韓国人ですか。

아나따와 간꼬꾸진데스까

B : 네, 저는 한국사람입니다. 당신은요?

はい、私は韓国人です。あなたは。

하이 와따시와 간꼬꾸진데스 아나따와

A : 저는 일본사람입니다.

私は日本人です。

와따시와 니혼진데스

B : 한국사람 같네요.

韓国人みたいですね。

간꼬꾸진미따이데스네

A : 자주 들어요.

よく言われます。

요꾸 이와레마스

B : 한국어를 잘하시네요.

韓国語が上手ですね。

간꼬꾸고가 죠-즈데스네

단어

~みたい ~처럼 보인다, ~ 같다

よく 잘, 매우

上手 잘함, 능숙

よく言われます는 직역하면 '(다른 사람들이 그런 식으로) 잘 말해진다'로, 그런 말을 자주 듣는다고 상대방의 의견에 호응하는 표현입니다.

21

名前は何ですか。
なまえ は なん
나마에와 난데스까

'이름은 무엇입니까?'라는 직접적인 질문 표현으로, 상대방에게 이름을 물어볼 때 사용하는 가장 일반적인 표현입니다.

私の名前は田中です。
わたし なまえ たなか
와따시노 나마에와 다나까데스

저의 이름은 다나카입니다.

私は田中です。あなたの名前は何ですか。
わたし たなか なまえ なん
와따시와 다나까데스 아나따노 나마에와 난데스까

저는 다나카입니다. 당신의 이름은 무엇입니까?

田中と申します。
たなか もう
다나까또 모-시마스

다나카라고 합니다.

TIP

▶일본어에도 존칭의 표현이 있습니다. 위의 ~と申します는 ~です의 존칭 표현입니다. 자신을 낮춤으로써 상대방에게 존칭의 표현을 하는 것으로 이해해 주시기 바랍니다.

☑ 성함은 무엇입니까?
お名前は何とおっしゃいますか。

오나마에와 난또 옷샤이마스까

☑ 이름을 알려 주세요.
お名前教えてください。

오나마에 오시에떼 구다사이

☑ 성함은 무엇입니까?
苗字は何ですか。

묘-지와 난데스까

단어

おっしゃる 말씀하다

名前 이름, 성함

教える 가르치다

苗字 성씨, 성함

▶보통 사람의 이름을 말할 때에는 名前를 자주 사용
하지만 격식 있는 표현을 쓸 때는 苗字라고도 합니다.
이름을 말하는 표현은 자주 사용되므로 잘 알아 두시기
바랍니다.

A : 당신의 성씨는 무엇인가요?

あなたの名前は何ですか。

아나따노 나마에와 난데스까

B : 저는 다나카라고 합니다.

私は田中といいます。

와따시와 다나까또 이-마스

A : 그렇습니까? 이름은 무엇입니까?

そうですか。下の名前は何ですか。

소-데스까 시따노 나마에와 난데스까

B : 유코입니다.

裕子です。

유-코데스

A : 저는 기무라 타로입니다.

私は木村太郎です。

와따시와 기무라타로-데스

B : 이름이 비슷하네요.

名前が似ていますね。

나마에가 니떼이마스네

下の名前 이름

似ている 닮은, 비슷한

공식적으로 알려진 일본의 성씨는 25,000여 개지만 약간의 발음 차이가 있으므로 실제로는 더욱 많은 성씨가 있습니다. 가장 많은 성씨는 佐藤、鈴木、高橋、田中、渡辺입니다.

お住まいはどこですか。

오스마이와 도꼬데스까

'댁이 어디인가요?'라는 뜻입니다. 상대방에게 살고 있는 곳을 물을 때에 사용하는 표현으로 격식을 갖춘 정중한 표현입니다. 구체적인 주소를 묻는 것이 아니라 대략적인 거주지역을 질문하는 것으로 이해하시길 바랍니다.

しん じゅく く
新宿区です。
신쥬쿠구데스

신주쿠구입니다.

とう きょう こう がい
東京郊外です。
도-쿄고-가이데스

도쿄 교외입니다.

ちか
近くのマンションです。
치까꾸노 만숀데스

근처 멘션입니다.

TIP

▶일본에서는 한국에서 주로 사용하고 있는 아파트라는 표현을 マンション이라고 말합니다. 보통 일본인들은 アパート와 マンション을 혼용하여 사용하는 경우가 많으나 マンション이 보다 친숙한 표현입니다.

☑ 어디 사세요?

どこに住んでいますか。

도꼬니 순데이마스까

☑ 서울의 어디입니까?

ソウルのどちらですか。

소우르노 도찌라데스까

☑ 아파트에서 살고 있습니다.

アパートに住んでいます。

아파-토니 순데이마스

☑ 신주쿠역 근처입니다.

新宿駅の近くです。

신쥬쿠에끼노 치까꾸데스

▶ ~のどちらですか는 살고 있는 지역을 구체적으로 질문할 때에 사용하는 표현입니다. 이때 ~에는 지역이나 지명을 사용하고 조사 の를 사용하여 '~의 어디십니까'라고 표현합니다.

どこに 어디에, 어디서

アパート 아파트

近く 근처

26

A : 댁은 어디인가요?

お住まいはどこですか。
<ruby>住<rt>す</rt></ruby>

오스마이와 도꼬데스까

B : 요코하마시입니다. 당신은요?

横浜市です。あなたは。
<ruby>横<rt>よこ</rt>浜<rt>はま</rt>市<rt>し</rt></ruby>

요코하마시데스 아나따와

A : 저도 요코하마예요.

私も横浜です。
<ruby>私<rt>わたし</rt></ruby> <ruby>横<rt>よこ</rt>浜<rt>はま</rt></ruby>

와따시모 요코하마데스

B : 요코하마의 어디입니까?

横浜のどちらですか。
<ruby>横<rt>よこ</rt>浜<rt>はま</rt></ruby>

요코하마노 도찌라데스까

A : 쇼난입니다.

湘南です。
<ruby>湘<rt>しょう</rt>南<rt>なん</rt></ruby>

쇼-난데스

B : 바다 근처군요.

海の近くですね。
<ruby>海<rt>うみ</rt></ruby> <ruby>近<rt>ちか</rt></ruby>

우미노 치까꾸데스네

단어

<ruby>住<rt>す</rt></ruby>まい 주소, 사는 곳

<ruby>横<rt>よこ</rt>浜<rt>はま</rt></ruby> 요코하마 (일본 지역이름)

どちら 어느 쪽, 어디

<ruby>海<rt>うみ</rt></ruby> 바다

도쿄 서쪽에 인접한 <ruby>横浜市<rt>よこはまし</rt></ruby>는 <ruby>神奈川県<rt>かながわけん</rt></ruby>의 현청이 있는 도시로, 일본을 대표하는 항만 도시입니다. 도쿄와 가까워 도쿄로 출퇴근 하는 인구가 매우 많으며 도쿄 다음으로 인구가 많은 지역입니다.

何人家族ですか。
なん にん か ぞく

난닝 카조꾸데스까

'가족은 몇 명인가요?'라는 뜻입니다. 일본어로 사람의 수를 질문하는 말로
는 何人이 가장 기본적인 표현 방법입니다.
なんにん

3人です。
にん

3명입니다.

산닝데스

5人家族です。
にん か ぞく

5인 가족입니다.

고닝 카조꾸데스

両親と妹の4人家族です。
りょう しん　いもうと　にん か ぞく

부모님과 여동생의 4인 가족
입니다.

료-신또 이모-또노 요닝카조꾸데스

TIP

▶부모님을 나타내는 표현은 両親을 사용합니다. 상대방의 부모님을 높여서 부를
りょうしん

때에는 존칭의 의미인 ご를 단어의 앞에 붙여 ご両親이라고 합니다.
りょうしん

☑ 저희는 대가족입니다.

うちは大家族です。

우찌와 다이카조꾸데스

☑ 저는 3자매입니다.

私は3姉妹です。

와따시와 산시마이데스

☑ 형제는 있습니까?

兄弟はいますか。

쿄-다이와 이마스까

☑ 언니가 있어서 좋겠네요.

お姉さんがいていいですね。

오네-상가 이떼 이-데스네

단어

家族 가족

姉妹 자매

兄弟 형제, 형제자매

お姉さん (타인의)
누나, 언니

▶일본어는 가족 관계를 말할 때 자신의 가족과 타인의
가족을 구분해서 말합니다. 예를 들어 타인의 언니 또
는 누나를 말할 때에는 お姉さん이라고 하며 자신의 언
니 또는 누나는 姉라고 말합니다.

A : 가족이 몇 명인가요?

何人家族ですか。
_{なん にん か ぞく}

난닝 카조꾸데스까

B : 3인 가족입니다.

３人家族です。
_{にん か ぞく}

산닝 카조꾸데스

A : 가족 구성은 어떻게 되어 있습니까?

家族構成はどうなっていますか。
_{か ぞく こう せい}

카조꾸코-세-와 도- 낫떼이마스까

B : 부모님과 저입니다. 당신은요?

両親と私です。あなたは。
_{りょう しん わたし}

료-신또 와따시데스 아나따와

A : 아버지와 어머니와 오빠, 그리고 저입니다.

父と母と兄、そして私です。
_{ちち はは あに わたし}

치치또 하하또 아니 소시떼 와따시데스

B : 오빠가 있어서 좋겠네요.

お兄さんがいていいですね。
_{にい}

오니-상가 이떼 이-데스네

단어

何人 몇 사람
_{なん にん}

構成 구성
_{こう せい}

父 (나의) 아버지
_{ちち}

母 (나의) 어머니
_{はは}

お兄さん (타인의) 오
_{にい}
빠, 형

일본어에서는 본인의 가족과 남의 가족을 부르는 말이 구분되어
있는 경우가 있습니다.

質問
008

家族のことを伺っても いいですか。

か ぞく　　　　　うかが

가조꾸노 고또오 우카갓데모 이-데스까

'가족에 대한 것을 여쭤봐도 괜찮습니까?'라는 뜻입니다. 상대방의 가족의 구성원에 대해 질문을 할 때에 사용하는 정중한 표현입니다.

はい、どうぞ。
하이 도-조

네, 그러세요.

うちは家族が多いですよ。
か ぞく　おお

우찌와 카조꾸가 오-이데스요

저희는 가족이 많아요.

私は家族がいません。
わたし　か ぞく

와따시와 카조꾸가 이마셍

저는 가족이 없습니다.

TIP

▶ 가족의 구성원이 많음을 나타낼 때에는 多い라는 표현을 사용합니다. 구성원의 수를 기준으로 표현하므로 수량을 나타내는 말을 사용합니다.

おお

☑ 오빠가 두 명 있습니다.

兄が2人います。

아니가 후따리이마스

☑ 저는 막내입니다.

私は末っ子です。

와따시와 스엣꼬데스

☑ 저는 형제가 없습니다.

私は兄弟がいません。

와따시와 쿄-다이가 이마센

☑ 조부모님과 함께 살고 있습니다.

祖父母と一緒に暮らしています。

소후보또 잇쇼니 구라시떼이마스

단어

兄 (나의) 오빠, 형

末っ子 막내

祖父母 조부

暮らす 살다, 생활하다

▶暮らしています는 생활하고 있다는 표현으로 사용됩니다. 앞에서 본 住んでいます도 동일한 의미로 사용됩니다.

A : 가족에 대한 것을 여쭤봐도 괜찮습니까?

家族のことを伺ってもいいですか。
か ぞく   うかが

카조꾸노 고또오 우카갓떼모 이-데스까

B : 괜찮아요.

いいですよ。

이-데스요

A : 형제는 몇 명입니까?

兄弟は何人ですか。
きょうだい なん にん

쿄-다이와 난닝데스까

B : 4명입니다.

4人です。
にん

요닌데스

A : 당신은 장녀인가요?

あなたは長女ですか。
ちょう じょ

아나따와 쵸-죠데스까

B : 네, 아래로 남동생이 3명 있습니다.

はい、下に弟が3人います。
した おとうと にん

하이 시따니 오또-또가 산닌이마스

단어

伺う 여쭈다, 질문하다
うかが

長女 장녀
ちょう じょ

下 아래, 밑
した

弟 (나의) 남동생
おとうと

兄弟は 형제를 말하기도 하지만, 형제자매를 모두 나타낼 때에도
きょうだい
사용합니다.

33

出身はどこですか。
しゅっ しん

숫신와 도꼬데스까

'출신이 어디입니까?'라고 고향을 묻는 표현입니다. 일본의 생활습관 중에도 한국과 마찬가지로 출신지를 질문하는 경우가 많이 있습니다.

かん とう
関東です。

간또-데스

관동입니다.

わたし   じ もと
私はここが地元です。

와따시와 고코가 지모또데스

저는 이곳이 고향입니다.

わたし きゅうしゅう しゅっ しん
私は九州の出身です。

와따시와 큐-슈-노 숫신데스

저는 규슈 출신입니다.

TIP

▶일본의 지역은 1개 도(都), 2개 부(府), 44개 현(県)과 홋카이도로 구분하며
ほっかいどう とうほく かんとう ちゅうぶ かんさい しこく ちゅうごく きゅうしゅう おきなわ
크게 北海道, 東北, 関東, 中部, 関西, 四国, 中国, 九州, 沖縄로 9개
지역으로 구분하고 있습니다.

관련표현

☑ 고향은 어디세요?
実家はどちらですか。
<ruby>実<rt>じっ</rt>家<rt>か</rt></ruby>

짓까와 도찌라데스까

☑ 태어난 곳은 어디인가요?
生まれはどこですか。
<ruby>生<rt>う</rt></ruby>

우마레와 도꼬데스까

☑ 고향은 어디세요?
田舎はどこですか。
<ruby>田<rt>い</rt>舎<rt>なか</rt></ruby>

이나까와 도꼬데스까

☑ 간사이 출신입니다.
関西出身です。
<ruby>関<rt>かん</rt>西<rt>さい</rt>出<rt>しゅっ</rt>身<rt>しん</rt></ruby>

간사이슛신데스

단어

どちら 어느 쪽

生まれ 태어남, 출생

田舎 시골, 고향

▶일본어에서 고향을 나타내는 말은 다양합니다. 実家(본가), 生まれ(출신), 田舎(시골), 故郷(고향), 地元(고향, 지역) 등의 표현이 있으므로 관련 단어를 잘 익혀서 사용해 보시기 바랍니다.

A : 한국에 온 지 얼마나 되었나요?

韓国に来てどのくらいですか。

간코꾸니 키떼 도노구라이데스까

B : 3년이 됐습니다.

3年になります。

산넨니 나리마스

A : 고향이 어디세요?

出身はどこですか。

슛신와 도꼬데스까

B : 도쿄입니다. 당신의 고향은 어디입니까?

東京です。あなたの出身はどちらで
すか。

토-쿄데스 아나따노 슛신와 도찌라데스까

A : 저는 서울 출신입니다.

私はソウル出身です。

와따시와 소우루슛신데스

B : 다음에 집으로 놀러 가고 싶습니다.

今度お家に遊びに行きたいです。

곤도 오우찌니 아소비니 이끼따이데스

今度 다음, 금번

家 집

遊びに行く 놀러 가다

일본어의 今度는 '다음'이라는 뜻으로 어떤 기회가 있을 경우를
의미하며, 유사한 표현으로 次回가 있습니다.

何とお呼びしたらいいですか。

난또 오요비시따라 이-데스까

'뭐라고 불러 드릴까요?'라는 뜻입니다. 일본에는 25,000개가 넘는 성(姓)이 있기 때문에 일본인들은 성(姓)이나 이름 또는 별명으로 부르는 경우가 있습니다. 한국과는 다른 문화적 습관이므로 잘 익혀 두시기 바랍니다.

山田と呼んでください。

야마다또 욘데 구다사이

야마다라고 불러 주세요.

好きなように呼んでください。

스끼나요-니 욘데 구다사이

마음대로 불러 주세요.

あだ名で呼んでください。

아다나데 욘데 구다사이

별명으로 불러 주세요.

TIP

▶ 일본에서는 별명이라는 뜻의 あだ名를 많이 사용합니다. 예를 들어 이름이 마쯔다 히로시(松田博)인 경우의 별명은 まちゃん, ひろ 등이 될 수 있습니다. 상대방이 더욱 친근감을 느끼는 호칭을 사용하는 것도 좋습니다.

☑ 닉네임으로 불러도 괜찮습니까?

ニックネームで呼んでもいいです
か。

닉꾸네-무데 욘데모 이-데스까

☑ 저를 다나카라고 불러 주세요.

私のことを田中と呼んでください。

와따시노 고또오 다나까또 욘데 구다사이

☑ 저는 '하나짱'이라고 불립니다.

私は「はなちゃん」と呼ばれてい
ます。

와따시와 하나짱또 요바레떼 이마스

☑ 성으로 불러 주세요.

苗字で呼んでください。

묘-지데 욘데 구다사이

▶일본에서는 친근한 관계에 있는 사람의 이름 뒤에 ~ち
ゃん을 붙여서 사용하는 경우가 많습니다. 상대방에게
~さん 또는 ちゃん을 붙이지 않고 부르는 것은 실례입
니다.

단어

ニックネーム 별명

呼ぶ 부름, 호칭

呼ばれる 불리다

A : 이름은 무엇입니까?

名前は何ですか。

나마에와 난데스까

B : 저는 야마다 하나코라고 합니다.

私は山田花子といいます。

와따시와 야마다 하나꼬또 이-마스

A : 뭐라고 불러 드릴까요?

何とお呼びしたらいいですか。

난또 오요비시따라 이-데스까

B : 이름으로 불러 주세요.

下の名前で呼んでください。

시따노 나마에데 욘데 구다사이

A : 그럼 하나코 씨라고 부르면 되겠습니까?

では、花子さんとお呼びしたらいい
ですか。

데와 하나꼬상또 오요비시따라 이-데스까

B : 네, 그렇게 불러 주세요.

はい、そう呼んでください。

하이 소- 욘데 구다사이

단어

~たらいいですか ~
한다면 좋습니까?

일본인들은 나이와 상관없이 처음 만난 사람 또는 가까운 친구 사
이에도 성(姓)이나 이름에 ~さん을 붙여서 사용합니다. 상대방이
편하게 불러달라고 하기 전까지는 보통 ~さん을 붙입니다.

★ 001 안녕하세요?

こんにちは。

곤니찌와

★ 002 소개 좀 해주시겠어요?

自己紹介してくださいますか。

지꼬쇼—까이시떼 구다사이마스까

★ 003 요즘은 어떠세요?

最近どうですか。

사이낀 도—데스까

★ 004 당신은 한국인입니까?

あなたは韓国人ですか。

아나따와 간꼬꾸진데스까

★ 005 이름은 무엇입니까?

名前は何ですか。

나마에와 난데스까

★ 006 댁이 어디인가요?

お住まいはどこですか。

오스마이와 도꼬데스까

★ 007 가족은 몇 명인가요?

何人家族ですか。

난닝 카조꾸데스까

★ 008 가족에 대한 것을 여쭤봐도 괜찮습니까?

家族のことを伺ってもいいですか。

가조꾸노 고또오 우카갓데모 이—데스까

★ 009 출신이 어디입니까?

出身はどこですか。

슛신와 도꼬데스까

★ 010 뭐라고 불러 드릴까요?

何とお呼びしたらいいですか。

난또 오요비시따라 이—데스까

Part 02 시간/번호

今、何時ですか。
いま なん じ

이마 난지데스까

'지금 몇 시인가요?'라는 뜻입니다. 일상생활에서 상대방에게 시간을 물어볼 경우가 많이 있습니다. 일본어로 시간을 물어볼 때 쓸 수 있는 표현을 익혀 봅시다.

7時です。
じ

시찌지데스

7시입니다.

4時半頃です。
じ はん ごろ

요지 항고로데스

4시 반쯤입니다.

9時10分前です。
じ ぷん まえ

구지 쥿뿐마에데스

9시 10분 전입니다.

TIP

▶일본어에서 시간을 나타내는 명사와 ~頃를 함께 쓰는 경우 정확한 시간을 말하
는 것이 아니라 대략적인 시간을 나타내는 '~쯤, ~무렵'이라는 뜻입니다.
ごろ

☑ 지금 몇 시 몇 분이야?

今、何時何分ですか。

이마 난지 난뿐데스까

☑ 10시 조금 넘었습니다

10時を少し過ぎました。

쥬-지오 스꼬시 스기마시다

☑ 딱 오후 1시입니다.

ちょうど午後1時です。

쵸-도 고고 이찌지데스

☑ 4시 정도입니다.

4時くらいです。

요지구라이데스

단어

何時 몇 시

何分 몇 분

少し 조금, 약간

過ぎた 지나다, 흐르다

ちょうど 정확히, 꼭

~くらい ~정도

▶시간을 표현할 때 '(시간)過ぎました'는 '(시간이) 지났습니다'라는 뜻이며 '(시간)くらい'는 '(시간)정도'라는 뜻입니다.

A : 지금 몇 시죠?

今、何時ですか。

이마 난지데스까

B : 지금 1시 반입니다.

今1時半です。

이마 이찌지 항데스

A : 2시에는 돌아가야 되는데..

2時には帰らないと…。

니지니와 가에라나이또

B : 무슨 일이 있어요?

何かありますか。

나니까 아리마스까

A : 선생님을 만나는 약속이 있어요.

先生に会う約束があります。

센세-니 아우 야꾸소꾸가 아리마스

B : 늦지 않도록 해야겠네요.

遅れないようにしないといけませんね。

오꾸레나이요-니시나이또 이께마센네

今 지금

帰る 돌아가다

先生 선생

会う 만나다

約束 약속

遅れる 늦다

～ようにする ～하도록 하다

~ないと는 어떤 동작을 하지 않으면 안 되는 것을 표현할 때에 사용되는 말로 ~ないと(いけない)의 줄임 표현입니다.

今日は何曜日ですか。
きょう　なん　よう　び

쿄-와 난요-비데스까

'오늘은 무슨 요일인가요?'라는 뜻입니다. 일상생활에서 상대방에게 요일을 물어볼 경우가 있습니다. 일본어로 요일을 물어볼 때 쓸 수 있는 다양한 표현을 익혀서 사용해 보시기 바랍니다.

今日は日曜日です。
きょう　にち　よう　び

쿄-와 니찌요-비데스

오늘은 일요일입니다.

今日は水曜日です。
きょう　すい　よう　び

쿄-와 수이요-비데스

오늘은 수요일입니다.

今日は月曜日です。
きょう　げつ　よう　び

쿄-와 게쯔요-비데스

오늘은 월요일입니다.

TIP

▶일본어의 요일은 다음과 같습니다. 월요일: 月曜日, 화요일: 火曜日, 수요일: 水曜日, 목요일: 木曜日, 금요일: 金曜日, 토요일: 土曜日, 일요일: 日曜日
げつようび　かようび　すいようび　もくようび　きんようび　どようび　にちようび

☑ 어제는 토요일이었습니다.
昨日は土曜日でした。
きのう　　ど よう び

기노-와 도요-비데시다

☑ 내일은 일요일입니다.
明日は日曜日です。
あ した　　にち よう び

아시따와 니찌요-비데스

☑ 목요일이에요.
木曜日ですよ。
もく よう び

모꾸요-비데스요

☑ 빨리 일요일이 되었으면 좋겠네요.
早く日曜日になるといいですね。
はや　 にち よう び

하야꾸 니찌요-비니 나루또 이-데스네

단어

昨日 어제
きのう

明日 내일
あした

早く 빨리, 이른
はや

▶일본어도 오늘을 기준한 가까운 날을 표현하는 방법
이 있습니다. 一昨日-그저께, 昨日-어제, 今日-오늘,
おととい　　　　　　きのう　　　　　きょう
明日-내일, 明後日-모레 등 자주 쓰이는 단어를 잘 알
あした　　　あさって
아 두시기 바랍니다.

A : 오늘은 무슨 요일입니까?
今日は何曜日ですか。
쿄-와 난요-비데스까

B : 오늘은 화요일입니다. 무슨 일 있나요?
今日は火曜日です。どうかしました。
쿄-와 카요-비데스 도-카시마시다

A : 실은 월요일에 택배가 올 예정이었습니다.
実は月曜日に宅配が来る予定でした。
지쯔와 게쯔요-비니 타꾸하이가 쿠루요떼-데시다

B : 아직 도착하지 않았나요?
まだ届いていないんですか。
마다 토도이떼이나인데스까

A : 맞아요.(그렇다니까요.) 물어보겠습니다.
そうなんです。問い合わせてみます。
소-난데스 도이아와세떼미마스

B : 빨리 오면 좋겠네요.
早く来るといいですね。
하야꾸 쿠루또 이-데스네

단어

宅配 택배

来る 오다

予定 예정

届く 도착하다, 닿다

問い合わる 문의하다

상대방에게 사실이나 사정을 설명할 때에 자주 쓰는 표현으로 実は가 있습니다. 이는 '사실은'이라는 뜻으로, 本当は도 동일한 의미로 사용됩니다.

いつ会いますか。

이쯔 아이마스까

'언제 만날까요?'라는 뜻입니다. 상대방과 약속을 할 때 사용하는 표현으로 구체적인 시기를 질문하는 말입니다.

金曜日に会いましょうか。

금요일에 만날까요?

킹요-비니 아이마쇼-까

来週あたりはどうですか。

다음 주쯤은 어떤가요?

라이슈-아따리와 도-데스까

私は週末以外だったら大丈夫 です。

저는 주말 이외면 괜찮습니다.

와따시와 슈-마쯔이가이닷따라 다이죠-부데스

TIP

▶いつは '언제'를 나타내는 말로 사용됩니다. 또한, '언제'라는 표현을 한자로 쓰면 何時로 쓰고 いつ로 발음하면 '언제'라는 뜻이, なんじ로 발음하면 '몇 시'라는 뜻이 됩니다.

☑ 다음에 언제 만날 수 있어?

今度いつ会える。

곤도 이쯔 아에루

☑ 주말은 어렵습니다.

週末は難しいです。

슈-마쯔와 무즈까시-데스

☑ 일요일 오전 중은 시간이 있습니다.

**日曜日の午前中は時間がありま
す。**

니찌요-비노 고젠쮸-와 지깐가 아리마스

☑ 언제든 괜찮아요.

いつでも大丈夫です。

이쯔데모 다이죠-부데스

단어

いつ 언제

週末 주말

難しい 힘들다, 어렵다

午前中 오전 중

いつでも 언제든지

▶ いつでも는 '언제든지'라는 뜻으로 시간 또는 상황의
표현과 함께 사용하면 특별한 사정이나 조건에 관계없
이 가능하다는 뜻으로 사용됩니다.

49

A : 다나카 씨, 언제 만나요?

田中さん、いつ会いますか。
<ruby>田中<rt>た なか</rt></ruby>さん、いつ<ruby>会<rt>あ</rt></ruby>いますか。

다나까상 이쯔 아이마스까

B : 금요일 오후에 보는 거 어때요?

金曜日の午後はどうですか。
<ruby>金曜日<rt>きん よう び</rt></ruby>の<ruby>午後<rt>ご ご</rt></ruby>はどうですか。

깅요-비노 고고와 도-데스까

A : 좋아요. 몇 시에 볼까요?

いいですよ。何時にしますか。
いいですよ。<ruby>何時<rt>なん じ</rt></ruby>にしますか。

이-데스요 난지니 시마스까

B : 3시 정도 어때요?

3時ぐらいはどうですか。
3<ruby>時<rt>じ</rt></ruby>ぐらいはどうですか。

산지구라이와 도-데스까

A : 괜찮아요.

大丈夫です。
<ruby>大丈夫<rt>だい じょう ぶ</rt></ruby>です。

다이죠-부데스

B : 차를 마시면서 이야기해요.

お茶しながら話をしましょう。
お<ruby>茶<rt>ちゃ</rt></ruby>しながら<ruby>話<rt>はなし</rt></ruby>をしましょう。

오챠시나가라 하나시오 시마쇼-

단어

<ruby>午後<rt>ご ご</rt></ruby> 오후

お<ruby>茶<rt>ちゃ</rt></ruby> 차, 녹차

<ruby>話<rt>はなし</rt></ruby>をする 이야기하다, 이야기를 나누다

<ruby>お茶<rt>おちゃ</rt></ruby>는 음료의 차를 말하는 茶에 お를 붙여서 관용적으로 '차' 또는 '녹차'를 말합니다.

質問
014

今日は何月何日ですか。
きょう　なん　がつ　なん　にち

쿄-와 난가쯔 난니찌데스까

'오늘은 몇 월 며칠입니까?'라는 뜻입니다. 일상생활에서 상대방에게 날짜를 물어볼 경우가 많이 있습니다. 일본어로 날짜를 물어볼 때 쓸 수 있는 다양한 표현을 익혀서 사용해 보시기 바랍니다.

今日は4月15日です。
きょう　がつ　にち

쿄-와 시가쯔 니쥬-이치니치데스

오늘은 4월 15일입니다.

今日は9月27日で、1週間すると秋夕です。
きょう　がつ　にち　しゅうかん
チュソク

쿄-와 구가쯔 니쥬-시찌니찌데 잇슈깐수루또 츄소쿠데스

오늘은 9월 27일이고, 일주일 있으면 추석입니다.

今日は3月3日ひな祭りです。
きょう　がつ　みっか　まつ

쿄-와 산가쯔 밋까 히나마쯔리데스

오늘은 3월 3일 히나마쯔리입니다.

TIP

▶ 일본에서 3월 3일은 일본 전통행사의 하나인 **ひな祭り**의 날입니다. 전통적으로 여자 어린이들의 무병장수와 행복을 기원하는 행사로 제단에 일본 전통의상을 입힌 작은 인형들을 전시하고 떡, 감주, 복숭아 꽃 등으로 장식합니다.

☑ 오늘은 13일의 금요일입니다.

今日は13日の金曜日です。
きょう　　　　　　　にち　　きんようび

쿄-와 쥬-상니찌노 킨요-비데스

☑ 내일은 1월 1일입니다.

明日は1月1日です。
あした　　　がつついたち

아시따와 이찌가쯔 쯔이타찌데스

☑ 일주일 있으면 여름방학입니다.

1週間すると夏休みです。
しゅうかん　　　　なつやす

잇슈-깐수루또 나쯔야수미데스

☑ 한국의 추석은 음력으로 행합니다.

韓国の秋夕は陰暦で行います。
かんこく　チュソク　いんれき　おこな

간꼬꾸노 추석와 인레끼데 오꼬나이마스

단어

夏休み 여름 휴가,
なつやす
여름방학

秋夕 추석(한국의 명
チュソク
절)

陰暦 음력
いんれき

行う 실시하다, 시행
おこな
하다

▶한국의 명절인 추석은 秋夕로 표기합니다. ひらがな
チュソク
가 아닌 カタカナ로 표기하는 것은 일본어는 외래어를 カ
タカナ로 표기하기 때문입니다. 일본의 추석은 お盆이라
ぼん
고 합니다.

대화문

A : 오늘은 몇 월 며칠인가요?

今日は何月何日ですか。
きょう　　なん　がつ　なん　にち

쿄-와 난가쯔 난니찌데스까

B : 오늘은 9월 20일입니다.

今日は9月20日です。
きょう　　　がつ　はつか

쿄-와 구가쯔 하쯔까데스

A : 추석까지 앞으로 2주네요.

秋夕まであと2週間ですね。
チュソク　　　　　　しゅうかん

추소쿠마데 아또 니슈-깡데스네

B : 일본에 추석이 있습니까?

日本に秋夕はありますか。
に　ほん　チュソク

니혼니 추소쿠와 아리마스까

A : 일본은 오봉이라고 해서 매년 8월 15일입니다.

日本はお盆といって毎年8月15日
に　ほん　　　ぼん　　　　まい　とし　がつ　　にち
になります。

니혼와 오봉또 잇떼 마이토시 하찌가쯔 쥬-고니찌니 나리마스

B : 일본은 양력으로 하는군요.

日本は陽暦でするんですね。
に　ほん　　よう　れき

니혼와 요-레끼데 수룬데스네

단어

お盆 추석(일본의 명절)
ぼん

毎年 매년
まい　ねん

陽暦 양력
よう　れき

시간이나 때를 나타내는 명사와 毎를 함께 사용하면 그 '때/시기'
まい
마다'라는 뜻입니다. 매일: 毎日, 매일 밤: 毎晩, 매월: 毎月, 매
　　　　　　まいにち　　　　　　まいばん　　　　　まいげつ
년: 毎年。
まいねん

誕生日はいつですか。

たん じょう び

탄죠-비와 이쯔데스까

'생일은 언제입니까?'라는 뜻입니다. 일상생활에서 상대방에게 생일을 물어 볼 때 사용하는 표현입니다. 특히 일본어로 날짜들을 말하는 방법을 잘 익혀 서 사용해 보시기 바랍니다.

わたし たん じょう び がつ はつか

私の誕生日は6月20日です。

와따시노 탄죠-비와 로꾸가쯔 하쯔까데스

저의 생일은 6월 20일입니다.

わたし たん じょう び がつ とおか

私の誕生日は10月10日で す。

와따시노 탄죠-비와 쥬-가쯔 토-까데스

저의 생일은 10월 10일입니다.

がつ むいか

7月6日です。

시찌가쯔 무이까데스

7월 6일입니다.

TIP

▶일본어는 한자를 사용하여 표현하므로 일본어 표현 중에서 자주 사용되는 한자 를 익혀야 합니다. 같은 한자 月를 사용하더라도 '달'을 의미할 때에는 つき라고 말하며, 위의 예문과 같이 '~월'을 의미할 때에는 がつ라고 말하는 차이를 알아 두시기 바랍니다.

☑ 몇 월생인가요?
何月生まれですか。
なん がつ う

난가쯔 우마레데스까

☑ 내일은 제 생일입니다.
明日は私の誕生日です。
あした　　わたし　　たんじょうび

아시따와 와따시노 탄죠-비데스

☑ 생년월일을 알려 주세요.
生年月日を教えてください。
せいねんがっぴ　　おし

세-넨갑삐오 오시에떼 구다사이

☑ 저번 주 어머니의 생신이었습니다.
先週、母の誕生日でした。
せんしゅう　はは　たんじょうび

센슈- 하하노 탄죠-비데시다

단어

誕生日 생일, 탄신일
たんじょうび

生年月日 생년월일
せいねんがっぴ

母 (나의) 어머니
はは

▶ 일본어로 '생일'을 말할 때에는 誕生日라고 말을 합
　　　　　　　　　　　　　　　　　たんじょうび
니다만, 문서 등에 기록을 할 때에 사용되는 '생년월일'
은 生年月日라고 한다는 것을 알아 두시기 바랍니다.
　せいねんがっぴ

A : 생일은 언제입니까?

誕生日はいつですか。

탄죠-비와 이쯔데스까

B : 5월 5일입니다.

5月5日です。

고가쯔 이쯔카데스

A : 어린이날이니 외우기 쉽네요.

こどもの日で覚えやすいですね。

고도모노 히데 오보에야스이데스네

B : 당신의 생일은 언제입니까?

あなたの誕生日はいつですか。

아나따노 탄죠-비와 이쯔데스까

A : 저는 2월 14일이고 밸런타인데이 날입니다.

私は2月14日でバレンタインデーの日です。

와따시와 니가쯔 쥬-욧까데 바렌타인데-노 히데스

B : 선물로 초콜릿을 많이 받겠네요.

プレゼントにチョコレートをたくさん貰いますね。

프레젠또니 쵸고레-또오 타꾸상 모라이마스네

こどもの日 어린이날

バレンタインデー 밸런타인데이

プレゼント 선물

チョコレート 초콜릿

貰う 받다, 얻다

일본에서는 어린이날을 기점으로 집 내외부에 잉어 모양의 장식(こいのぼり)을 해 둡니다. 잉어가 물속을 헤엄치는 것처럼 바람에 날립니다. 남자아이들은 무사 인형을 선물 받거나 전통 무사 복장을 하고 기념 사진을 찍기도 합니다.

試合はいつ始まりますか。

시아이와 이쯔 하지마리마스까

'시합은 언제 시작하나요?'라는 뜻입니다. 일상생활에서 상대방에게 스포츠 경기 등의 시작 시간을 물어볼 경우가 많이 있습니다. 어떤 동작이나 상황의 시작 시점을 물어볼 때 쓸 수 있는 다양한 표현을 익혀 봅시다.

午後4時に始まります。

고고 요지니 하지마리마스

오후 4시에 시작해요.

はっきりわかりません。

핫끼리 와까리마센

확실하게는 모르겠습니다.

2時からだと聞いています。

니지까라다또 끼-떼이마스

2시부터라고 들었습니다.

TIP

▶위의 본문에서 사용된 はっきり는 '확실히' 또는 '분명히'라는 뜻입니다. 어떤 상황이나 사실을 더욱 명확하게 표현할 때 사용되며 긍정 또는 부정의 내용이 함께 사용될 수 있습니다.

☑ 경기는 몇 시에 시작하죠?

試合は何時に始まりますか。

시아이와 난지니 하지마리마스까

☑ 경기는 언제 끝나요?

試合はいつ終わりますか。

시아이와 이쯔 오와리마스까

☑ 경기는 곧 시작해요.

試合はもうすぐ始まります。

시아이와 모- 스구 하지마리마스

☑ 경기는 이미 끝났어요.

試合はもう終わりました。

시아이와 모- 오와리마시다

단어

試合 시합, 경기

始まる 시작하다

終わる 끝나다

もうすぐ 곧, 금방

もう 이미, 벌써

▶어떤 것이 시작하는 시간을 질문할 때에는 何時に始まりますか라고 하며, 구체적으로 언제부터 시작하는지 물을 때에는 何時から始まりますか라고 할 수 있습니다.

A : 어떤 스포츠를 좋아하세요?

どんなスポーツが好<su>す</su>きですか。

돈나 스뽀ー쯔가 스끼데스까

B : 저는 축구를 좋아해서 자주 시합을 보러 갑니다.

私<su>わたし</su>はサッカーが好<su>す</su>きで、よく試合<su>しあい</su>を見<su>み</su>に行<su>い</su>きます。

와따시와 삿까ー가 스끼데 요꾸 시아이오 미니 이끼마스

A : 저도 축구를 좋아해요.

私<su>わたし</su>もサッカーが好<su>す</su>きです。

와따시모 삿까ー가 스끼데스

B : 같이 시합 보러 가지 않을래요?

一緒<su>いっしょ</su>に試合<su>しあい</su>を見<su>み</su>に行<su>い</su>きませんか。

잇쑈니 시아이오 미니 이끼마센까

A : 오늘 시합은 언제 시작합니까?

今日<su>きょう</su>の試合<su>しあい</su>はいつ始<su>はじ</su>まりますか。

쿄ー노 시아이와 이쯔 하지마리마스까

B : 오후 6시부터입니다.

午後<su>ごご</su>6時<su>じ</su>からです。

고고 로꾸지까라데스

スポーツ 스포츠

好<su>す</su>き 좋아함

見<su>み</su>に行<su>い</su>く 보러 가다, 관람하러 가다

サッカー 축구

~が好きです는 '~을 좋아하다'라는 뜻입니다. 한국어와는 다르게 좋아하는 것에 대한 조사는 을가 아니라 가를 사용합니다.

59

いつ卒業しましたか。
이쯔 소쯔교-시마시다까

'언제 졸업했나요?'라는 뜻입니다. 일본에서는 상대방의 나이를 추측하는 질문의 하나로 학교졸업 시기를 물어 보는 경우가 많습니다. 관련 표현을 익혀 상황에 맞게 사용해 보시기 바랍니다.

私は去年卒業しました。
와따시와 쿄넨 소쯔교-시마시다

저는 작년에 졸업했어요.

今年卒業したばかりです。
고토시 소쯔교-시다바까리데스

올해 막 졸업했어요.

今年卒業できませんでした。
고토시 소쯔교-데끼마센데시다

올해 졸업하지 못했습니다.

TIP

▶ ~ばかり는 동사의 기본형과 함께 사용할 경우에는 그 동작만 한다는 뜻으로 사용되고, 동사의 과거형과 함께 사용할 경우에는 그 동작을 금방 완료한 상태를 의미합니다.

☑ 졸업은 언제인가요?

卒業^{そつぎょう}はいつですか。

소쯔교-와 이쯔데스까

☑ 저는 내년에 졸업합니다.

私^{わたし}は来年^{らいねん}卒業^{そつぎょう}します。

와따시와 라이넨 소쯔교-시마스

☑ 졸업하고 얼마나 되었습니까?

卒業^{そつぎょう}してどのくらいになりますか。

소쯔교-시떼 도노구라이니 나리마스까

☑ 다음 달 졸업입니다.

来月^{らいげつ}卒業^{そつぎょう}です。

라이게쯔 소쯔교-데스

▶일본어도 올해를 기준한 가까운 해를 표현하는 방법이 있습니다. おととし(재작년), 去年^{きょねん}(작년), 今年^{ことし}(올해), 来年^{らいねん}(내년), 再来年^{さらいねん}(내후년) 등 자주 쓰이는 단어는 잘 알아 두시기 바랍니다.

단어

卒業^{そつぎょう} 졸업

来月^{らいげつ} 다음 달

A : 다나카 씨는 어느 대학교를 졸업했습니까?

田中さんはどこの大学を卒業しましたか。

다나까상와 도꼬노 다이가꾸오 소쯔교-시마시다까

B : 서울대입니다.

ソウル大です。

소우루다이데스

A : 언제 졸업했습니까?

いつ卒業しましたか。

이쯔 소쯔교-시마시다까

B : 2년 전입니다.

2年前です。

니넨마에데스

A : 저도 2년 전에 대학을 졸업했습니다.

私も2年前に大学を卒業しました。

와따시모 니넨마에니 다이가꾸오 소쯔교-시마시다

B : 그렇다면 동기네요.

それでは同期ですね。

소레데와 도-끼데스네

단어

大学 대학

~年前 ~년 전

同期 동기

일본에서는 상대방의 나이를 알고자 할 때 출생연도를 묻기도 하지만 보통 졸업연도를 물어봅니다. 같은 시기에 졸업한 경우에 同期라는 표현을 쓰며 동년배 또는 동갑이라는 뜻입니다.

62

携帯番号は何番ですか。

けい たい ばん ごう　　　　なん ばん

케-따이방고와 난방데스까

'휴대폰 번호가 몇 번입니까?'라는 뜻입니다. 상대방에게 휴대전화번호를 질문할 때에 사용하는 표현입니다.

番号は010 345 6789です。

ばん ごう

방고-와 제로이찌제로노 산온고노 로꾸나나하 찌큐-데스

번호는 010 345 6789입니다.

私は携帯を持っていません。

わたし　けい たい　　も

와따시와 케-따이오 못떼 이마센

저는 핸드폰이 없습니다.

すみません。お教えできません。

おし

스미마센 오오시에데끼마센

죄송합니다. 알려 줄 수 없습니다.

TIP

▶ 携帯는 '휴대'라는 뜻이지만 일반적으로 요즘은 '휴대전화'를 말할 때에 사용합니다. 통상적인 '휴대전화'는 携帯電話라고 말하는 것을 알아 두시기 바랍니다.

けいたい

けいたいでん わ

☑ 핸드폰 번호가 뭐예요?

けい たい   ばん ごう   なん ばん
携帯の番号は何番ですか。

케-따이노 방고-와 난방데스까

☑ 제 핸드폰 번호 알려 드릴게요.

わたし   けい たい ばん ごう   おし
私の携帯番号を教えます。

와따시노 케-따이방고-오 오시에마스

☑ 전화번호 물어봐도 되겠습니까?

けい たい ばん ごう   き
携帯番号聞いてもいいですか。

케-따이방고 끼-떼모 이-데스까

☑ 다음에 핸드폰으로 연락하겠습니다.

こん ど けい たい   れん らく
今度携帯に連絡します。

곤도 케-따이니 렌라꾸시마스

단어

けいたい
携帯 휴대, 휴대전화

ばんごう
番号 번호

き
聞く 묻다, 질문하다

れんらく
連絡する 연락하다

▶ 어떤 상대나 대상에게 연락할 때에 사용하는 표현은
~に連絡する입니다. 위의 표현과 같이 상대방의 휴대
폰에 전화를 걸 때에도 조사 に를 사용합니다.

A : 스즈키 씨. 핸드폰은 어떻게 하셨습니까?

鈴木さん。携帯はどうしましたか。
すず き　　　けい たい

스즈끼상 케-따이와 도-시마시다까

B : 아 회사에 잊어버리고 왔어요.

あ、会社に忘れて来ました。
　　かい しゃ　　わす　　　き

아 가이샤니 와스레떼 끼마시다

A : 전화를 안 받아서 걱정했었습니다.

電話をとらないから心配していまし
でん わ　　　　　　　しん ぱい
た。

뎅와오 토라나이까라 신빠이시떼 이마시다

B : 핸드폰을 바꿔서 연락이 안 됐어요.

携帯変えて、連絡できなかったん
けい たい か　　　　れん らく
です。

케-따이카에떼 렌라꾸데끼나깟딴데스

A : 새로운 핸드폰 번호가 몇 번인가요?

新しい携帯番号は何番ですか。
あたら　　けい たい ばん ごう　　なん ばん

아따라시이 케-따이방고-와 난방데스까

B : 010 345 6789입니다.

010 345 6789です。

제로이찌제로노 산욘고노 로꾸나나하찌큐-데스

電話をとる 전화를 받다
でん わ

心配する 걱정하다
しん ぱい

変える 바꾸다
か

～できない ～할 수 없다

新しい 새로운
あたら

핸드폰은 携帯電話지만 보통은 携帯이라고 하며, 최근 널리 사용되는 스마트폰은 スマートフォン 또는 スマートホン이라고 쓰지만 보통 スマホ라고 말합니다.

何番のバスを利用しますか。
なん ばん　　　　　　　り よう

난방노 바스오 리요-시마스까

'몇 번 버스를 이용하나요?'라는 뜻입니다. 상대방에게 이용하는 교통수단이나 방법을 질문하는 방법입니다.

1227**番**か105**番**です。
ばん　　　　　ばん

센니햐꾸니쥬-나나방까 햐꾸고방데스

1227번이나 105번이요.

だいたい146**番**を**利用**します。
　　　　　　　ばん　　り よう

다이따이 햐꾸욘쥬-로꾸방오 리요-시마스

대체로 146번을 이용합니다.

バスにはほとんど**乗**りません。
　　　　　　　　　　の

바스니와 호톤도 노리마셍

버스는 거의 타지 않습니다.

TIP

▶ AかB는 'A이든지 B'라는 의미로, A와 B가 선택 가능한 상황을 표현하는 방법입니다. 회화에서 자주 사용되는 표현이므로 관련 표현을 잘 익혀서 사용하시기 바랍니다.

☑ 몇 번 버스로 출근을 합니까?

何番のバスで出勤しますか。

난방노 바스데 슛낀시마스까

☑ 퇴근할 때 몇 번 버스를 이용합니까?

退勤するとき何番のバスを利用
しますか。

타이낀스루도끼 난방노 바스오 리요-시마스까

☑ 지하철에서 버스로 갈아탑니다.

地下鉄からバスに乗り換えます。

치까테쯔카라 바스니 노리카에마스

☑ 몇 번 버스여도 괜찮아요.

何番のバスでも大丈夫です。

난방노 바스데모 다이죠-부데스

단어

バス 버스

出勤する 출근하다

利用する 이용하다

乗り換える 환승하다

▶일동작이 연속되어 하나의 의미를 나타내는 경우에는
동사를 변형하여 사용합니다. 위와 같이 '환승하다'라
는 뜻인 乗り換える는 '타다'라는 乗る와 '바꾸다'라는
換える를 함께 사용한 표현입니다.

67

A : 스즈키 씨는 몇 번 버스를 이용합니까?

鈴木さんは何番のバスを利用します
か。

스즈끼상와 난방노 바스오 리요-시마스까

B : 저는 120번 버스와 105번 버스를 자주 이용합니다.

私は120番と105番をよく利用します。

와따시와 햐꾸니쥬-방또 햐꾸고방오 요꾸 리요-시마스

A : 저는 146번을 타는 일이 많습니다.

私は146番に乗ることが多いです。

와따시와 햐꾸욘쥬-로꾸방니 노루 고또가 오-이데스

B : 저는 지하철보다도 버스가 편해요.

私は地下鉄よりもバスが便利です。

와따시와 치까테쯔요리모 바스가 벤리데스

A : 최근 버스 노선이 늘었네요.

最近バスの路線が増えましたね。

사이낀 바스노 로센가 후에마시다네

B : 네. 갈아타는 것도 편해졌어요.

はい。乗り換えも楽になりました。

하이 노리까에모 라꾸니 나리마시다

地下鉄 지하철

便利 편리

路線 노선

増える 증가하다,
늘어나다

楽になる 편해지다

대부분 근거리를 운행하는 기차 개념인 '전차(電車)'는 JR이라고
도 말하며 지하철은 地下鉄로 표현합니다. 일본의 전차와 지하철
의 개념을 잘 구분해서 사용하시기 바랍니다.

質問
020

何番目ですか。
なん ばん め
난방메데스까

'몇 번째입니까?'라는 뜻입니다. 상대방에게 어떤 순서 또는 차례에 대해 질문을 할 때 사용하는 표현입니다.

新宿駅から5番目です。
しん じゅく えき　ばん め
신쥬쿠에끼까라 고방메데스

신주쿠역에서 5번째입니다.

会社の前からバスで3つ目の停留所です。
かい しゃ　まえ　　　　　　　め
てい りゅう じょ
가이샤노 마에까라 바스데 밋쯔메노 테-류-죠데스

회사 앞에서 버스로 3번째 버스정류장입니다.

私は兄弟で4番目です。
わたし　きょう だい　ばん め
와따시와 쿄-다이데 욘방메데스

저는 형제에서 4번째입니다.

TIP

▶일본어에서 순서 또는 순번을 나타내는 말은 숫자와 番目를 사용합니다. 위의
예문에서 보듯이 어느 기점을 기준으로 몇 번째를 말할 경우에는 순서가 아닌 개수를 말하는 3つ目와 같이 사용합니다.

☑ 제 줄은 앞에서 7번째입니다.

私の列は前から7番目です。
わたし　れつ　まえ　　　　ばん め

와따시노 레쯔와 마에까라 나나방메데스

☑ 제 자리는 뒤에서 2번째입니다.

私の席は後ろから2番目です。
わたし　せき　うし　　　　ばん め

와따시노 세끼와 우시로까라 니방메데스

☑ 역 앞에서 버스를 타고 4번째 정류장에서 내려 주세요.

駅前からバスに乗って4番目の
えき まえ　　　　　　の　　　　ばん め

停留所で降りてください。
てい りゅう じょ　お

에끼마에까라 바스니 놋떼 욘방메노 데-류-죠데 오리떼 구다
사이

☑ 저는 5자매에서 3번째입니다.

私は5人姉妹の3番目です。
わたし　　にん し まい　　ばん め

와따시와 고닝시마이노 산방메데스

列 열, 줄
れつ

~番目 ~번째
ばん め

席 자리
せき

後ろ 뒤
うし

停留所 정류소
てい りゅう じょ

降りる 내리다, 하차
お
하다

▶ '~에서 2번째'라는 뜻인 ~から2番目는 범위 또는
ばん め
순서의 정렬 방법 등과 함께 사용합니다. 이때 사용되
는 조사는 ~から가 사용됨을 알아 두시기 바랍니다.

A : 내일 출장으로 신주쿠에 갑니다.

明日出張で新宿に行きます。

아시따 슛쵸-데 신쥬쿠니 이끼마스

B : 지하철로 가십니까?

地下鉄ですか。

치까테쯔데스까

A : 네. 신주쿠역은 여기서 몇 번째입니까?

**はい。新宿駅はここから何番目です
か。**

하이 신쥬쿠에끼와 고코까라 난방메데스까

B : 6번째입니다.

6番目です。

로꾸방메데스

A : 헤매지 않고 갈 수 있을까?

迷わずに行けるかな。

마요와즈니 이께루까나

B : 앞에서 두 번째 차량에 타면 출구가 가까워요.

**前から2番目の車両に乗ると出口が
近いですよ。**

마에까라 니방메노 샤료-니 노루또 데구찌가 치까이데스요

단어

出張 출장

迷う 헤매다, 망설이다

車両 차량

出口 출구

한국에서는 지하철 등의 출입구에 번호를 붙여 사용하지만 일본에서는 방향과 출입구 번호를 표시하는 경우가 많습니다. 특히 '서쪽 출구: 西口'나 '서쪽 출구 34: 西口-34 등으로 표시합니다.

★ 011 지금 몇 시인가요?
今、何時ですか。
이마 난지데스까

★ 012 오늘은 무슨 요일인가요?
今日は何曜日ですか。
쿄-와 난요-비데스까

★ 013 언제 만날까요?
いつ会いますか。
이쯔 아이마스까

★ 014 오늘은 몇 월 며칠입니까?
今日は何月何日ですか。
쿄-와 난가쯔 난니찌데스까

★ 015 생일은 언제입니까?
誕生日はいつですか。
탄죠-비와 이쯔데스까

★ 016 시합은 언제 시작하나요?
試合はいつ始まりますか。
시아이와 이쯔 하지마리마스까

★ 017 언제 졸업했나요?
いつ卒業しましたか。
이쯔 소쯔교-시마시다까

★ 018 휴대폰 번호가 몇 번입니까?
携帯番号は何番ですか。
케-따이방고와 난방데스까

★ 019 몇 번 버스를 이용하나요?
何番のバスを利用しますか。
난방노 바스오 리요-시마스까

★ 020 몇 번째입니까?
何番目ですか。
난방메데스까

Part 03 쇼핑/금액

いくらですか。

이꾸라데스까

'얼마입니까?'라는 뜻입니다. 일상생활에서 물건을 구입하거나 어떤 가격을
지불할 때에 사용되는 표현입니다.

せん えん
千円です。 　　　　　　　　　　　　1000엔입니다.

센엔데스

いま　　　　　　　やす
今セールで安くなっています。 　　지금 세일로 싸게 팔고 있습
니다.

이마 세-루데 야스꾸 낫떼 이마스

いま　　　　　か　　どく
今ならお買い得です。 　　　　　　지금이라면 아주 저렴합니다.

이마나라 오카이도꾸데스

TIP

▶ 일본에서 상점에서 흔히 볼 수 있는 것이 お買い得라는 표현입니다. 이는 특가
세일 상품을 말하는 뜻으로 '싸게 사서 이득을 볼 수 있음'을 말하며 흔히 '득템'
을 말한다고 알아 두시길 바랍니다.

☑ 가격은 어느 정도입니까?

<ruby>値<rt>ね</rt></ruby><ruby>段<rt>だん</rt></ruby>はどのくらいですか。

네단와 도노구라이데스까

☑ 전부 얼마입니까?

<ruby>全<rt>ぜん</rt></ruby><ruby>部<rt>ぶ</rt></ruby>でいくらぐらいですか。

젠부데 이꾸라구라이데스까

☑ 생각했던 것보다 싸네요.

<ruby>思<rt>おも</rt></ruby>ったより<ruby>安<rt>やす</rt></ruby>いですね。

오못따요리 야스이데스네

☑ 조금 깎아 주세요.

<ruby>少<rt>すこ</rt></ruby>しまけてください。

스꼬시 마께떼구다사이

단어

<ruby>値<rt>ね</rt></ruby><ruby>段<rt>だん</rt></ruby> 가격

<ruby>全<rt>ぜん</rt></ruby><ruby>部<rt>ぶ</rt></ruby> 전부

まける 깎다, 싸게
하다

▶ '가격'을 나타내는 말은 <ruby>値<rt>ね</rt></ruby><ruby>段<rt>だん</rt></ruby>과 <ruby>価<rt>か</rt></ruby><ruby>額<rt>がく</rt></ruby>가 있습니다. 상
점 등에서도 혼용하고 있으므로 자주 쓰이는 표현을 잘
알아 두시기 바랍니다.

A : 이거, 얼마예요?

これ、いくらですか。

고레 이꾸라데스까

B : 100g에 250엔입니다.

100グラムで250円です。

햐꾸그라므데 니햐꾸고쥬-엔데스

A : 생각했던 것보다 비싸네요.

思ったより高いですね。

오못따요리 다까이데스네

B : 이 고기는 부드럽고 맛있어요.

この肉はやわらかくておいしいです
よ。

코노 니꾸와 야와라까꾸떼 오이시-데스요

A : 조금 싸게 되나요?

少し安くなりますか。

스꼬시 야스꾸 나리마스까

B : 100g에 200엔으로 깎아 드리겠습니다.

100グラム200円にまけておきま
す。

햐꾸그라므 니햐꾸엔니 마께떼 오끼마스

いくら (가격) 얼마

グラム 그램

高い 비싸다

肉 육고기

やわらかい 부드러운

おいしい 맛있는

가격이 너무 비쌀 때 쓰는 유사한 표현으로는 すごく高いです 또
는 高すぎです가 있습니다.

76

りんご1個いくらですか。

링고 잇꼬 이꾸라데스까

'사과 한 개에 얼마입니까?'라는 뜻입니다. 일본어에서도 한국어와 마찬가지로 물건을 구입하거나 어떤 가격을 지불할 때에 특정한 수량을 표시하여 사용합니다.

100円です。

하꾸엔데스

100엔입니다.

ばら売りはしていません。

바라우리와 시떼 이마셍

낱개로는 팔지 않습니다.

そこに書いてありますよ。

소꼬니 카이떼 아리마스요

거기에 적혀 있습니다.

TIP

▶ 어떤 물건의 수량을 셀 때에 사용되는 ~個는 '~개'의 의미로 사용되며, 사과나 달걀과 같이 하나로 구분되는 물건을 셀 때에 사용됩니다. 참고로 종이와 같은 '~장'을 의미하는 것은 ~枚를 사용합니다.

☑ 한 개씩 팔고 있습니까?

1個ずつ売っていますか。

잇꼬즈쯔 웃떼이마스까

☑ 한 봉지에 얼마입니까?

袋入りでいくらですか。

후꾸로이리데 이꾸라데스까

☑ 아주 비싼 듯하네요.

ずいぶん高めですね。

즈이분 다까메데스네

☑ 1000엔 주십시오.

千円頂戴します。

센엔 쵸-다이시마스

단어

~ずつ ~씩

袋入り 봉지에 넣은 모양, 한 봉지

ずいぶん 아주, 매우

高め 비싼 듯, 높은 듯

頂戴 (남 또는 윗사람으로부터) 받음

▶일본에서 물건을 구매하거나 가격을 지불할 때 상대방으로부터 頂戴します 또는 頂きします라는 표현을 자주 듣게 됩니다. 두 가지 표현 모두 상대방을 높여서 표현하는 방법입니다.

A : 사과 한 개에 얼마입니까?

りんご1個いくらですか。

링고 잇꼬 이꾸라데스까

B : 한 개에 120엔입니다.

1個120円です。

잇꼬 햐꾸니쥬-엔데스

A : 조금 비싼 듯하네요.

少し高めですね。

스꼬시 타까메데스네

B : 봉투에 들어 있는 건 5개입에 500엔입니다.

袋に入ったのは5個入りで500円です。

후꾸로니 하잇따노와 고꼬이리데 고햐꾸엔데스

A : 그럼 그걸로 할까…

じゃあ、それにしようかな…

쟈- 소레니 시요-까나

B : 네, 500엔입니다.

はい。500円いただきます。

하이 고햐꾸엔이따다끼마스

단어

りんご 사과

いくら (가격, 수량) 얼마

~個入り ~개 들이

~しようかな는 '~할까…'라는 뜻으로 주로 독백형태로 사용되는 표현입니다. 참고로 ~しようか는 '~할까?'라는 의미로 상대방에게 의견이나 의향을 묻습니다.

何を買いますか。

なに   か

나니오 가이마스까

'무엇을 사시겠습니까?'라는 뜻입니다. 상대방에게 어떤 것을 살 것인지에 대해 질문하는 표현입니다. 대화 상대 또는 상점의 점원 등으로부터 자주 듣는 표현입니다.

見てから決めます。
み   き

미떼까라 키메마스

보고서 결정하겠습니다.

服を買いたいです。
ふく か

후꾸오 카이따이데스

옷을 사고 싶습니다.

今回は見るだけにします。
こん かい   み

곤까이와 미루다께니시마스

이번에는 보기만 하겠습니다.

TIP

▶ 동사와 함께 ~てから를 사용하면 어떤 동작을 완료한 '~후에'라는 뜻입니다. 주로 동작의 연속성이 있는 경우에 사용되므로 자주 사용됩니다.

☑ 뭘 갖고 싶습니까?

何が欲しいですか。

나나가 호시-데스까

☑ 싸고 좋은 물건을 사고 싶습니다.

安くていいものを買いたいです。

야스꾸떼 이-모노오 가이따이데스

☑ 같이 골라 주세요.

一緒に選んでください。

잇쇼니 에란데구다사이

☑ 이것을 사겠습니다.

これを買います。

고레오 가이마스

단어

欲しい 갖고 싶다, 원하다

買いたい 사고 싶다

選ぶ 고르다, 선별하다

▶ 여러 가지 중에서 어떤 것을 '고른다'는 표현은 選ぶ 라는 단어를 사용합니다. 물건들을 고를 때에 자주 사용되는 말입니다.

A : 무엇을 살 건가요?

何を買いますか。

나니오 가이마스까

B : 저 갖고 싶은 것이 많이 있습니다.

私、欲しいものがたくさんあります。

와따시 호시-모노가 다꾸상 아리마스

A : 잘 보고 골라 주세요.

よく見て選んでくださいね。

요꾸 미떼 에란데 구다사이네

B : 이거 싸고 귀여워요.

これ安くて可愛い。

고레 야스꾸떼 가와이-

A : 좋아 보이네요.

よさそうですよ。

요사소-데스요

B : 이걸로 정할게요.

これに決めます。

고레니 키메마스

단어

たくさん 많이, 엄청

可愛い 귀엽다, 사랑스
럽다

よさそう 좋을 듯, 좋아
보이는

よさそうは 관용적으로 '좋을 듯하다'라는 의미로 사용됩니다. 보통 동사나 조동사의 연용형 또는 형용사나 형용동사의 어간에 ~そ
う를 붙여서 '~ 듯하다'라는 뜻으로 사용됩니다.

82

いくら両替しますか。
りょう がえ

이꾸라 료-가에시마스까

'얼마 환전합니까?'라는 뜻입니다. 은행이나 관광지 등의 환전소에서 사용되는 표현입니다. 대화 상대 또는 환전소의 관계자 등으로부터 자주 들을 수 있는 표현입니다.

5万円くらいにしておきます。
まん えん
고만엔구라이니 시떼오끼마스

5만엔 정도 해 둘 생각입니다.

3万円だけ換えるつもりです。
まん えん か
산만엔다께 가에루쯔모리데스

3만엔만 바꿀 생각입니다.

ちょうど10万円です。
まん えん
쵸-도 쥬-만엔데스

정확히 10만엔입니다.

▶ 환전이라는 표현은 両替를 사용합니다만 외국 화폐의 교환만을 한정하는 것이
りょうがえ
아니라 지폐나 동전 등의 교환에도 상용할 수 있다는 것을 알아 두시기 바랍니다.

☑ 환전합니다.

換金します。

간킨시마스

☑ 일본 엔을 어느 정도 바꿀 겁니까?

日本円をどのくらい換えますか。

니혼엔오 도노구라이 가에마스까

☑ 은행에서 환전합니다.

銀行で両替します。

긴꼬-데 료-가에시마스

☑ 환전 창구는 어디입니까?

両替の窓口はどこですか。

료-가에노 마도구찌와 도꼬데스까

단어

換金 환금, 돈으로 바꿈

換える 바꾸다, 교환하다

両替 환전

銀行 은행

窓口 창구

▶앞에서 설명한 것과 같이 화폐를 동일한 가치의 다른 화폐로 교환하는 '환전'은 両替를 사용합니다만 동일한 표현으로 換金도 사용합니다.

A : 환전하고 싶은데요.

両替<ruby>りょう<rt>りょう</rt></ruby>したいんですけど。

료-가에시따인데스께도

B : 일본 엔을 한국 원으로 환전하시겠습니까?

<ruby>日本<rt>に ほん</rt></ruby><ruby>円<rt>えん</rt></ruby>を<ruby>韓国<rt>かん こく</rt></ruby>のウォンに<ruby>両替<rt>りょう がえ</rt></ruby>されますか。

니혼엔오 간꼬꾸노 원니 료-가에사레마스까

A : 네. 한국 원으로 환전하겠습니다.

はい。<ruby>韓国<rt>かん こく</rt></ruby>のウォンに<ruby>両替<rt>りょう がえ</rt></ruby>します。

하이 간꼬꾸노 원니 료-가에시마스

B : 얼마 환전하시겠습니까?

いくら<ruby>両替<rt>りょう がえ</rt></ruby>しますか。

이꾸라 료-가에시마스까

A : 10만엔 정도 부탁하겠습니다.

10<ruby>万円分<rt>まん えん ぶん</rt></ruby>お<ruby>願<rt>ねが</rt></ruby>いします。

쥬-만엔분 오네가이시마스

B : 알겠습니다.

かしこまりました。

가시꼬마리마시다

단어

<ruby>円<rt>えん</rt></ruby> (일본 화폐단위) 엔

ウォン (한국 화폐단위) 원

<ruby>分<rt>ぶん</rt></ruby> ~가량, ~ 정도

かしこまる 정좌하다, 명령을 받다

일본에서는 음식점이나 상점 등에서 직원들이 かしこまりました 라고 말하는 것을 자주 듣습니다. 이는 '정좌하다' 또는 '명령을 받는다'라는 뜻으로 주로 상대방의 요구를 정확히 이해하고 수행하겠다는 의미로 상대방을 높여 주는 '잘 알겠습니다'라는 뜻입니다.

値下げできますか。
ねさげ

네사게데끼마스까

'깎아 줄 수 있나요?'라는 뜻입니다. 물건을 사거나 비용을 지불해야 하는 상황에서 자주 사용될 수 있는 표현으로 가격을 낮춰 달라 즉 좀 깎아 달라는 말입니다.

少しならできますよ。
すこ

스꼬시나라 데끼마스요

조금이라면 가능해요.

これは値下げした価格です。
ねさげ　かかく

고레와 네사게시따 가까꾸데스

이것은 싸게 한 가격입니다.

これ以上は難しいですね。
いじょう　むずか

고레 이죠-와 무즈까시-데스네

이 이상은 어렵습니다.

TIP

▶ 難しい는 '어렵다' 또는 '난해하다'라는 뜻으로 사용됩니다. 어떠한 상황 또는 문제가 해결하기 곤란할 경우에 사용하는 말입니다.
むずか

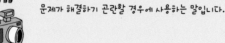

☑ 조금 더 싸게 됩니까?

もう少し安くなりますか。

모- 스꼬시 야스꾸 나리마스까

☑ 깎아 드리겠습니다.

まけてあげます。

마께떼 아게마스

☑ 다른 곳보다 비싸네요.

他の所より高いですね。

호까노 도꼬로요리 다까이데스네

☑ 이 이상은 싸게 안 됩니다.

これ以上は安くなりません。

고레 이죠-와 야스꾸나리마센

▶ 주로 물건 값을 깎는다는 표현은 安くする, まける, 値引き, 割引き 등과 같이 다양합니다.

他の所 다른 곳

A : 이건 오늘 아침 갓 잡은 생선입니다.
これは今朝獲れたての魚です。

고레와 게사 토레타떼노 사까나데스

B : 조금 더 깎아 줄 수 없나요?
もう少し値下げできますか。

모-스꼬시 네사게데끼마스까

A : 다른 곳보다 싸요.
他の所より安くなってますよ。

호까노 토꼬로요리 야스꾸 낫떼마스요

B : 조금만 더 깎아주세요.
もう少しまけてください。

모- 스꼬시 마께떼 구다사이

A : 조금만이에요.
少しだけですよ。

스꼬시다께데스요

B : 고맙습니다. 또 올게요.
ありがとうございます。また来ます。

아리가또-고자이마스 마따 끼마스

今朝 오늘 아침

獲れたて 잡은 지 오래
되지 않은, 신선한

魚 물고기, 생선

値下げする 깎다, 할인
하다

~より는 '~보다'라는 뜻으로 사용되는 표현으로, 어떤 것과 비교
하여 그 특징 또는 상황을 표현할 때에 사용할 수 있습니다.

88

気に入りましたか。

기니 이리마시다까

'마음에 드셨나요?'라는 뜻입니다. 상대방에게 어떤 물건 또는 상황이 마음
에 드는지에 대해 물어볼 때에 사용합니다.

はい。なかなかいいと思います。

하이 나까나까 이-또 오모이마스

네. 꽤 괜찮다고 생각해요.

これくらいなら大丈夫です。

고레구라이나라 다이죠-부데스

이 정도면 괜찮아요.

あまり好きではありません。

아마리 스끼데와 아리마센

그다지 좋지 않아요.

TIP

▶ あまり는 '그다지' 또는 '썩'이라는 뜻으로 부정어와 함께 사용합니다. 회화에서
말하는 사람의 느낌을 함께 전달할 때에 사용합니다.

☑ 마음에 드셨습니까?

お気に召しましたか。

오끼니 메시마시다까

☑ 마음에 드는 것이 없습니다.

気に入るのがありません。

기니 이루노가 아리마센

☑ 마음에 들지 않아서 그만두겠습니다.

気に入らないのでやめておきます。

기니 이라나이노데 야메떼 오끼마스

☑ 조금 더 생각해 보겠습니다.

もう少し考えてみます。

모- 스꼬시 강가에떼 미마스

단어

お気に召す 마음에 드시다(관용형 존칭 표현)

やめておく 그만두다, 포기하다

考えてみる 생각해 보다(관용형 표현)

▶ '마음에 들다'는 気に入る입니다. 물건이나 상황 등
이 마음에 드는지를 표현하는 방법입니다.

A : 그 옷 마음에 드셨습니까?
その服、気に入りましたか。
소노 후꾸 기니 이리마시다까

B : 네. 마음에 듭니다. 다나카 씨는요?
はい。気に入りました。田中さんは。
하이 기니 이리마시다 다나까상와

A : 저는 아직 마음에 드는 걸 찾지 못했습니다.
私はまだ気に入ったのが見つかりません。
와따시와 마다 가니 잇따노가 미쯔까리마센

B : 조금 전 옷 꽤 괜찮다고 생각해요.
さっきの服、なかなかいいと思いますよ。
삿끼노 후꾸 나까나까이-또 오모이마스요

A : 조금 더 찾아보겠습니다.
もう少し探してみます。
모- 스꼬시 사가시떼 미마스

B : 마음에 드는 것을 찾으면 좋겠네요.
気に入るのが見つかるといいですね。
기니 이루노가 미쯔까루또 이-데스네

단어

見つからない 보이지 않다, 찾아지지 않다

さっき 조금 전

探してみる 찾아보다

형용사 또는 형용동사에 ~の를 붙여 사용하면 형용사 또는 형용동사의 명사형이 됩니다. 入ったの는 入った와 ~の를 함께 사용되어 '마음에 드는 것'이라는 뜻이 됩니다.

91

ワンサイズ小(ちい)さいのありますか。

완사이즈 치-사이노 아리마스까

'한 사이즈 작은 것 있나요?'라는 뜻입니다. 상점 등에서 크기와 같이 치수에 대한 대화에서 사용되는 표현입니다.

ありますよ。お見(み)せしましょうか。

아리마스요 오미세시마쇼-까

있습니다. 보여 드릴까요?

すみません。売(う)り切(き)れました。

스미마센 우리끼레마시다

죄송합니다. 품절입니다.

探(さが)してみます。少(すこ)しお待(ま)ちください。

사가시떼 미마스 스꼬시 오마찌구다사이

찾아보겠습니다. 잠깐만 기다리세요.

TIP

▶ ~てみます는 어떤 동작이나 행위를 '~해 보겠다'라는 의미로 자주 사용되는 표현입니다.

☑ 한 사이즈 큰 거 있습니까?

ワンサイズ<ruby>大<rt>おお</rt></ruby>きいのありますか。

완사이즈 오-끼-노 아리마스까

☑ 이것이 가장 큰 사이즈입니다.

これが<ruby>一番<rt>いちばん</rt></ruby><ruby>大<rt>おお</rt></ruby>きいサイズです。

고레가 이찌방 오-끼-사이즈데스

☑ 입어 봐도 되나요?

<ruby>試着<rt>しちゃく</rt></ruby>してもいいですか。

시챠꾸시떼모 이-데스까

☑ 정말 죄송합니다.

<ruby>申<rt>もう</rt></ruby>し<ruby>訳<rt>わけ</rt></ruby>ございません。

모-시와께고자이마센

단어

ワン 하나(one)

サイズ 사이즈(size)

<ruby>一番<rt>いちばん</rt></ruby> 1번, 제일

<ruby>試着<rt>しちゃく</rt></ruby> 시착, 입어 봄

<ruby>申<rt>もう</rt></ruby>し<ruby>訳<rt>わけ</rt></ruby>ない 송구하다, 죄송하다

▶상대방에게 사과 혹은 양해를 구할 때에 사용하는 표현은 すみません이 있습니다만 다른 표현으로 <ruby>申<rt>もう</rt></ruby>し<ruby>訳<rt>わけ</rt></ruby>ありません이 있으며 이 표현의 존칭형은 <ruby>申<rt>もう</rt></ruby>し<ruby>訳<rt>わけ</rt></ruby>ございません입니다.

A : 한 사이즈 작은 거 있나요?

ワンサイズ<ruby>小<rt>ちい</rt></ruby>さいのありますか。

완사이즈 치-사이노 아리마스까

B : 네, 있습니다.

はい。ございます。

하이 고자이마스

A : 한번 입어 봐도 되나요?

<ruby>一<rt>いち</rt></ruby><ruby>度<rt>ど</rt></ruby><ruby>着<rt>き</rt></ruby>てみてもいいですか。

이찌도 키떼미떼모 이-데스까

B : 네 이곳이 탈의실입니다.

はい。こちらが<ruby>試<rt>し</rt></ruby><ruby>着<rt>ちゃく</rt></ruby><ruby>室<rt>しつ</rt></ruby>です。

하이 코찌라가 시챠꾸시쯔데스

A : 실례합니다. 더 한 사이즈 작은 거 있나요?

すみません。もうワンサイズ<ruby>小<rt>ちい</rt></ruby>さいの
ありますか。

스미마센 모- 완사이즈 치-사이노 아리마스까

B : 이게 제일 작은 사이즈입니다.

これが<ruby>一<rt>いち</rt></ruby><ruby>番<rt>ばん</rt></ruby><ruby>小<rt>ちい</rt></ruby>さいサイズです。

고레가 이찌방 치-사이사이즈데스

<ruby>小<rt>ちい</rt></ruby>さい 작다, 조그맣다

<ruby>一<rt>いち</rt></ruby><ruby>度<rt>ど</rt></ruby> 한번

<ruby>試<rt>し</rt></ruby><ruby>着<rt>ちゃく</rt></ruby><ruby>室<rt>しつ</rt></ruby> 탈의실, 피팅룸

すみません은 일반적으로 미안하다는 표현으로 사용되지만, 일
상생활에서나 상점 등에서 상대방을 호출할 때에도 관용적으로 사
용됩니다.

新しい商品ですか。

<ruby>新<rt>あたら</rt></ruby>しい<ruby>商<rt>しょう</rt></ruby><ruby>品<rt>ひん</rt></ruby>ですか。

아따라시-쇼-힌데스까

'새로운 상품인가요?'라는 뜻입니다. 상점 등에서 물건을 고를 때에 사용하는 표현으로 자주 사용됩니다.

<ruby>素<rt>す</rt></ruby><ruby>敵<rt>てき</rt></ruby>ですね。

스떼끼데스네

멋지네요.

<ruby>高<rt>たか</rt></ruby>そうですね。

다까소-데스네

비싸 보이네요.

<ruby>欲<rt>ほ</rt></ruby>しいです。

호시-데스

갖고 싶어요.

TIP

▶ 素敵<rt>すてき</rt>는 '멋지다' 또는 '훌륭하다'라는 뜻으로 대상의 모양이나 형태를 말할 때에 사용되지만, 어떤 결과나 행동의 완성 정도에 대한 감탄의 표현으로도 사용됩니다.

☑ 인기 상품입니다.
目玉商品です。
메다마쇼-힌데스

☑ 특가 상품입니다.
お買い得商品です。
오까이도꾸 쇼-힌데스

☑ 새로 입고되었습니다.
新しく入荷しました。
아따라시꾸 뉴-까시마시다

☑ 다른 색깔도 보시겠습니까?
違う色もご覧になりますか。
찌가우 이로모 고란니 나리마스까

단어

入荷 입하, 입고

違う 다름, 틀림

色 색, 색깔

ご覧になる 보시다
(보다의 존칭형)

▶ 目玉商品은 주로 상점 등에서 광고 표시 등으로 사용되며 '인기 상품' 또는 '주목할 상품' 등의 의미입니다.

A : 멋진 신발이네요. 새로운 상품인가요?

素敵な靴ですね。新しい商品ですか。

스떼끼나 구쯔데스네 아따라시-쇼-힌데스까

B : 네. 신상품입니다.

はい。新商品です。

하이 신쇼-힌데스

A : 신어 봐도 되나요?

履いてみてもいいですか。

하이떼 미떼모 이-데스까

B : 그럼요. 거울을 보십시오.

どうぞ。鏡をご覧になってください。

도-조 가가미오 고란니 낫떼구다사이

A : 다른 새로운 상품이 있나요?

他に新しい商品がありますか。

호까니 아따라시-쇼-힌가 아리마스까

B : 네. 이 신발의 색이 다른 것이 있습니다.

はい。この靴の色違いがあります。

하이 고노 구쯔노 이로치가이가 아리마스

단어

素敵 멋진, 훌륭한

靴 신발

履いてみる 신어 보다

鏡 거울

他 다른, 기타

色違い 색깔이 다른

일본어의 존칭은 상대를 높이는 표현과 말하는 사람을 낮추는 표현이 있습니다. 본문의 ご覧になる는 '보다'에서 상대방을 높여주는 표현으로 사용하는 예입니다.

コンビニに行（い）きますか。

콘비니니 이끼마스까

'편의점에 갈래요?'라는 뜻입니다. 상대방에게 어떤 장소에 가자는 권유를 할 때에 ~に行（い）きますか라는 표현을 사용합니다. 장소를 나타내는 말에 조사 ~に가 사용된다는 것을 알아 두시기 바랍니다.

そうしましょう。
소-시마쇼-

그렇게 해요.

私（わたし）も行（い）きたかったです。
와따시모 이끼따깟따데스

저도 가고 싶었습니다.

コンビニに何（なに）がありますか。
콘비니니 나니가 아리마스까

편의점에 뭐가 있습니까?

TIP

▶일본인은 긴 외래어를 줄여서 표기하는 경우가 많습니다. コンビニ는 편의점을 뜻하는 コンビニエンス・ストア의 줄임말이며, 스마트폰은 スマートホン를 줄여서 スマホ라고 합니다.

☑ 편의점은 편리합니다.

コンビニは便利です。

콘비니와 벤리데스

☑ 슈퍼마켓을 이용합니다.

スーパーを利用します。

스-파-오 리요-시마스

☑ 편의점 도시락을 자주 삽니다.

コンビニの弁当をよく買います。

콘비니노 벤또-오 요꾸 가이마스

☑ 이곳 밥은 맛있게 보여요.

ここのご飯はおいしいそうです。

고꼬노 고항와 오이시-소-데스

단어

コンビニ 편의점

スーパー 슈퍼마켓

弁当 도시락

美味しい 맛있는

▶ '도시락'은 弁当입니다. 일본의 철도역에서는 지역의
특산물을 활용한 다양한 도시락을 판매하고 있습니다.
이러한 역에서 판매하는 도시락은 駅弁이라고 합니다.

A : 야마다 씨, 편의점에 갈래요?

山田さん、コンビニに行きますか。

야마다상 콘비니니 이끼마스까

B : 좋네요.

いいですね。

이-데스네

A : 저는 편의점을 자주 이용합니다.

私はコンビニをよく利用します。

와따시와 콘비니오 요꾸 리요-시마스

B : 어떤 걸 삽니까?

どんなものを買いますか。

돈나 모노오 가이마스까

A : 저는 도시락을 자주 삽니다.

私は弁当をよく買います。

와따시와 벤또-오 요꾸 가이마스

B : 빵이나 케이크가 맛있게 보여요.

パンやショートケーキもおいしそうで
すよ。

팡야 쇼-또케-끼모 오이시소-데스요

行く 가다

利用 이용

パン 빵

ショートケーキ 조각 케
이크

ご飯은 '밥' 또는 '식사'를 나타내는 말입니다. 일반적으로 '밥'은
めし이고, '식사'는 食事이지만 이러한 말들의 존칭어인 ご飯이
일반적인 표현으로 사용됩니다.

カードは使えますか。
<small>つか</small>

카ー도와 쯔까에마스까

'카드는 쓸 수 있나요?'라는 뜻입니다. 상점이나 식당 등에서 가격을 지불할 때 신용카드를 사용할 수 있는지 문의하는 표현입니다. カード는 신용카드입니다.

カードでよろしいですよ。

카ー도데 요로시ー데스요

카드로 괜찮습니다.

はい。お支払いはどのようにな
<small>し はら</small>
さいますか。

하이 오시하라이와 도노요ー니 나사이마스까

네 지불은 어떻게 하시겠습니까?

こちらは現金のみになっており
<small>げん きん</small>
ます。

고찌라와 겡낀노미니 낫떼오리마스

여기에서는 현금으로만 지불 가능합니다.

TIP

▶명사와 함께 쓰이는 조사 ~のみ는 ~だけ와 마찬가지로 한정하는 표현으로 앞에 나오는 명사의 뜻에 더해 '~뿐' 또는 '~만'이라는 뜻입니다.

☑ 카드를 이용해 주세요.

カードをご利用ください。

카-도오 고리요-구다사이

☑ 계산 부탁합니다.

お会計お願いします。

오까이케- 오네가이시마스

☑ 일시불로 해 드릴까요?

一括払いになさいますか。

잇까쯔바라이니 나사이마스까

☑ 요금을 지불해 주시겠습니까?

お支払いいただけますか。

오시하라이 이따다께마스까

단어

カード 카드, 신용카드

会計 회계, 계산

一括払い 일시불

支払い 지불, 계산

▶ 가게나 상점 등에서 비용을 지불할 때 会計, 支払い
를 사용합니다. 모두 '가격을 지불하는 것'을 의미하며
자주 사용되는 표현입니다.

A : 계산해 드리겠습니다.

お会計させていただきます。

오까이케-사세떼 이따다끼마스

B : 카드는 쓸 수 있나요?

カードは使えますか。

카-도와 쯔까에마스까

A : 네. 사용하실 수 있습니다.

はい。ご利用いただけます。

하이 고리요-이따다께마스

B : 그럼 카드로 부탁합니다.

ではカードでお願いします。

데와 카-도데 오네가이시마스

A : 지불은 어떻게 하시겠습니까?

お支払いはどうなさいますか。

오시하라이와 도-나사이마스까

B : 일시불로 해 주세요.

一括払いでお願いします。

잇까쯔바라이데 오네가이시마스

使う 사용하다

では 그러면, 그렇다면

お願い 부탁, 요청

一括払い는 '일시불'이라는 뜻입니다. 3개월 할부는 3回払い로 표현합니다.

★ 021 얼마입니까?

いくらですか。

이꾸라데스까

★ 022 사과 한 개에 얼마입니까?

りんご1個いくらですか。

링고 잇꼬 이꾸라데스까

★ 023 무엇을 사시겠습니까?

何を買いますか。

나니오 가이마스까

★ 024 얼마 환전합니까?

いくら両替しますか。

이꾸라 료-가에시마스까

★ 025 깎아 줄 수 있나요?

値下げできますか。

네사게데끼마스까

★ 026 마음에 드셨나요?

気に入りましたか。

기니 이리마시다까

★ 027 한 사이즈 작은 것 있나요?

ワンサイズ小さいのありますか。

완사이즈 치-사이노 아리마스까

★ 028 새로운 상품인가요?

新しい商品ですか。

아따라시-쇼-힌데스까

★ 029 편의점에 갈래요?

コンビニに行きますか。

콘비니니 이끼마스까

★ 030 카드는 쓸 수 있나요?

カードは使えますか。

카-도와 쯔까에마스까

Part 04 단위

いくつですか。

이꾸쯔데스까

'몇 살입니까?'라는 뜻입니다. いくつですか는 보통 수량을 물어볼 때에 사용하는 표현이지만, 상대방의 나이를 물어볼 때도 사용합니다. 동년배나 비슷한 또래에게 물을 때 쓸 수 있는 표현입니다.

私は25歳です。

와따시와 니쥬-고사이데스

저는 25살입니다.

いくつに見えますか。

이꾸쯔니 미에마스까

몇 살로 보이나요?

当ててみてください。

아떼떼 미떼구다사이

맞춰 보세요.

TIP

▶상대방의 나이를 물어볼 때에 보통 몇 살인지 물어보기도 하지만, 일본도 한국과 마찬가지로 12간지를 사용하므로 이를 이용하여 물어볼 수도 있습니다. '띠'를 나타내는 干支 또는 '무슨 해'를 말하는 何年도 동일하게 띠를 나타내는 표현으로 사용합니다.

☑ 몇 살이세요?

何歳ですか。

난사이데스까

☑ 연세를 여쭤봐도 되겠습니까?

お歳を伺ってもいいですか。

오토시오 우카갓떼모 이-데스까

☑ 당신의 나이는요?

あなたの年齢は。

아나따노 넨레-와

☑ 두 살 아래입니다.

二つ年下です。

후타쯔토시시따데스

단어

歳 세(나이)

年齢 연령

年下 연하, 나이가
아래인

▶상대방의 나이를 물어보는 표현은 いくつですか와 何
歳ですか입니다. 상대방을 높여줄 때에는 おいくつで
すか라고 하며 아랫사람이나 친근한 사이에는 いくつ
와 何歳 등을 사용할 수 있습니다.

A : 나이는 몇 살인가요?

歳はいくつですか。

토시와 이꾸쯔데스까

B : 저는 올해 24살이 됩니다.

私は今年24になります。

와따시와 고토시 니쥬-온니 나리마스

A : 젊네요.

若いですね。

와까이데스네

B : 스즈키 씨는 몇 살인가요?

鈴木さんはいくつですか。

스즈끼상와 이꾸쯔데스까

A : 저는 다나카 씨보다 한 살 위예요.

私は田中さんより一つ上です。

와따시와 다나까상요리 히또쯔 우에데스

B : 25살이군요.

25歳ですね。

니쥬-고사이데스네

단어

若い 젊은, 어린

一つ上 한살 위

~に見える는 '~으로 보이다'라는 뜻입니다. 이는 말하는 사람의 주관적인 판단을 표현하는 방법입니다. 이때 조사는 ~に가 사용되는 것에 유의하세요.

どのくらい長(なが)いですか。

도노쿠라이 나가이데스까

'얼마나 오래되었습니까? 혹은 '얼마나 깁니까?'라는 뜻입니다. 어떤 상황의 정도나 양의 정도를 질문할 때에 どのくらい를 사용합니다.

Part 04. 단위

付(つ)き合(あ)って3年(ねん)になります。

쯔끼앗떼 산넨니 나리마스

사귄 지 3년이 됩니다.

日本(にほん)で一番(いちばん)長(なが)い川(かわ)です。

니혼데 이찌방 나가이 가와데스

일본에서 제일 긴 강입니다.

すごい行列(ぎょうれつ)で2時間(じかん)待(ま)ちです。

스고이 교-레쯔데 니지깐마찌데스

엄청나게 긴 줄로 대기시간이 2시간입니다.

TIP

▶ 일본어에서 付(つ)き合(あ)う는 상황과 쓰임에 따라 그 의미가 달라질 수 있습니다. 일반적으로는 '함께 ~하다' 또는 상대방의 행동에 '함께 ~참여하다'라는 의미로 사용되고, 남녀 간에는 '사귀다'라는 뜻으로 사용됩니다.

☑ 길이를 재어 본다.

長^{なが}さを測^{はか}ってみる。

나가사오 하깟떼미루

☑ 그 정도로 길지 않다.

それほど長^{なが}くない。

소레호도 나가꾸나이

☑ 바지의 길이가 길다.

ズボンの丈^{たけ}が長^{なが}い。

즈본노 다케가 나가이

단어

長^{なが}さ 길이

ズボン 바지

丈^{たけ} 기장, 길이

▶ それほどは 뒤에 부정적인 표현을 함께 사용하여 생각했던 것보다 또는 실제로는 '그런 정도는 … (아니다)'라는 뜻으로 사용됩니다.

110

A : 그와는 오래 사귀었습니다.

彼とは<ruby>長<rt>なが</rt></ruby>い<ruby>付<rt>つ</rt></ruby>き<ruby>合<rt>あ</rt></ruby>いです。

가레또와 나가이 쯔끼아이데스

B : 얼마나 오래되었습니까?

どのくらい<ruby>長<rt>なが</rt></ruby>いですか。

도노쿠라이 나가이데스까

A : 초등학생 때부터 친구로 15년 되었습니다.

<ruby>小学校<rt>しょうがっこう</rt></ruby>のときから<ruby>友達<rt>ともだち</rt></ruby>で15<ruby>年<rt>ねん</rt></ruby>になります。

쇼각꼬-노 도끼까라 도모다찌데 쥬-고넨니 나리마스

B : 오래되었네요.

<ruby>長<rt>なが</rt></ruby>いですね。

나가이데스네

A : 서로 뭐든지 알아요.

お<ruby>互<rt>たが</rt></ruby>い<ruby>何<rt>なん</rt></ruby>でも<ruby>知<rt>し</rt></ruby>っています。

오따가이 난데모 싯떼 이마스

B : 좋은 파트너군요.

<ruby>良<rt>よ</rt></ruby>きパートナーですね。

요끼 파-또나-데스네

<ruby>彼<rt>かれ</rt></ruby> 그, 그 남자

お<ruby>互<rt>たが</rt></ruby>い 서로, 상호간

<ruby>何<rt>なん</rt></ruby>でも 무엇이든

<ruby>良<rt>よ</rt></ruby>き 좋은

パートナー 파트너

<ruby>彼<rt>かれ</rt></ruby>는 3인칭으로 사용될 경우 '그' 또는 '그 남자'라는 뜻이며 나 또는 타인의 남자 친구 또는 연인을 말할 때도 사용됩니다. 보통 자신의 남자 친구는 <ruby>彼<rt>かれ</rt></ruby>를, 타인의 남자 친구는 <ruby>彼氏<rt>かれし</rt></ruby>를 씁니다.

身長はいくつですか。
しん ちょう

신쪼-와 이꾸쯔데스까

'키는 얼마입니까?'라는 뜻입니다. 상대방 또는 타인의 신장(키)에 대해 질문할 때에 사용하는 표현입니다.

150センチです。
하꾸고홋센찌데스

150cm입니다.

160センチくらいです。
하꾸로꾸홋센찌구라이데스

160cm 정도입니다.

170センチはあると思います。
おも

하꾸나나홋센찌와 아루또 오모이마스

170cm는 된다고 생각합니다.

TIP

▶ 키나 몸무게의 정도를 말할 때 ~はある는 표현을 사용합니다. 예를 들어 한국어로 '몸무게가 60킬로이다'는 일본어로 体重は60キロある라고 합니다.
たいじゅう

☑ 신장은 어느 정도 되나요?

身長はいくらですか。

신쬬-와 이꾸라데스까

☑ 신장은 몇 cm입니까?

身長は何センチですか。

신쬬-와 난센찌데스까

☑ 키는 어느 정도 되나요?

背はどれくらいですか。

세와 도레구라이데스까

☑ 180은 안 된다고 생각합니다.

180センチはないと思います。

햐꾸햐찌쥿센찌와 나이또 오모이마스

단어

身長 신장

センチ 센치(단위)

背(せ) 키, 신장

▶사람의 '키'를 말할 때에는 身長라고 합니다만 보통
회화에서는 背라고 표현합니다.

A : 스즈키 씨, 키는 얼마입니까?

鈴木さん、身長はいくつですか。
すず き　　　しん ちょう

스즈끼상 신쬬-와 이꾸쯔데스까

B : 저는 165cm입니다. 야마다 씨는 몇 cm입니까?

私は165センチです。山田さんは
わたし　　　　　　　　　　　　　　やま だ
何センチですか。
なん

와따시와 햐꾸로꾸쥬-고센찌데스 야먀다상와 난센찌데스까

A : 저는 180cm였는데 또 컸습니다.

私は180センチでしたが、また伸び
わたし　　　　　　　　　　　　　　　　　の
ました。

와따시와 햐꾸하찌쥬-센찌데시다가 마따 노비마시다

B : 키가 크네요.

背が高いですね。
せ　 たか

세가 타까이데스네

A : 가족 모두 170cm 이상입니다.

家族みんな170センチ以上ありま
か ぞく　　　　　　　　　　　　　　　い じょう
す。

가조꾸민나 햐꾸나나쥿센찌이죠- 아리마스

B : 부럽습니다.

うらやましいです。

우라야마시-데스

伸びる 늘어나다, 자라
の
다

高い 크다, 높다
たか

みんな 모두, 전원

うらやましい 부러운

'키가 크다'를 일본어로는 背が高い라고 합니다. 高い는 높이가
　　　　　　　　　　　　　　 せ たか　　　　　　　　たか
높다는 뜻으로 사용되지만 사람이나 사물의 신장을 말할 때에도
관용적으로 사용됩니다.

114

体重はいくつですか。
だい じゅう

타이쥬-와 이쿠쯔데스까

'체중은 얼마입니까?'라는 뜻입니다. 상대방 또는 타인의 체중에 대해 질문할 때에 사용하는 표현입니다.

40キロです。

욘쥿키로데스

40kg입니다.

今55キロに近いです。
いま　　　　　　ちか

이마 고쥬-고키로니 찌까이데스

지금 55kg에 가깝습니다.

恥ずかしいので言いたくありません。
は　　　　　　　い

하즈까시-노데 이-따꾸 아리마센

부끄러워서 말하고 싶지 않습니다.

TIP

▶일본어에서는 일정한 체중을 넘은 경우 超える라는 표현을 사용하며 그 뜻은
'~넘다' 또는 '초과하다'라는 의미로 사용됩니다.

☑ 최근 살이 쪄서 체중이 늘었습니다.
最近太って体重が増えました。
사이낀 후똣떼 타이쥬-가 후에마시따

☑ 최근 살이 빠져서 체중이 줄었습니다.
最近痩せて体重が減りました。
사이낀 야세떼 타이쥬-가 헤리마시다

☑ 체중을 5kg 빼고 싶습니다.
体重を5キロ落としたいです。
타이쥬-오 고키로 오또시따이데스

☑ 체중이 80kg에 가깝습니다.
体重が80キロに近いです。
타이쥬-가 하찌쥿키로니 찌까이데스

단어

太る 살찌다

痩せる 살빠지다

体重 체중

落とす 떨어뜨리다

▶체중이 '증가하다'는 増える를 사용합니다. 반면 체중이 '감소하다'는 減る를 사용합니다. 이러한 표현은 주로 양의 증감을 나타냅니다.

A : 야마다 씨, 체중은 얼마입니까?

山田さん、体重はいくつですか。

야마다상 타이쥬-와 이쿠쯔데스까

B : 말하기 어렵지만 60kg에 가깝습니다.

言いにくいですが60キロに近いです。

이-니꾸이데스가 로꾸줏키로니 찌까이데스

A : 저는 70kg을 넘으니까 저보다 말랐네요.

私は70キロを超えるので私より痩せていますね。

와따시와 나나줏키로오 고에루노데 와따시요리 야세떼 이마스네

B : 올해는 운동해서 55kg대로 줄이려고 생각합니다.

今年は運動して55キロ台に落とそうと思います。

고토시와 운도-시떼 고쥬-고키로다이니 오또소-또 오모이마스

A : 나도 다이어트를 해야지.

私もダイエットしないと。

와따시모 다이엣또시나이또

B : 같이 운동하시죠.

一緒に運動しましょう。

잇쇼니 운도-시마쇼-

言いにくい 말하기 어려운

ダイエット 다이어트

運動 운동

동사의 기본형과 함께 쓰는 ~にくい는 그 동사 의미에 '~할 수 없다'
또는 '~불가능하다'는 의미를 부드럽게 표현할 때에 사용됩니다.

今日は何度ですか。

きょう なんど

쿄ー와 난도데스까

'오늘은 몇 도입니까?'라는 뜻입니다. 상대방에게 기온을 물어볼 때에 사용하는 표현입니다. 특히 일기예보에 민감한 일본인들이 일상에서 자주 사용하는 표현입니다.

今日の最高気温は20度です。
きょう さいこう きおん ど

쿄ー노 사이꼬ー 기온와 니쥬ー도데스

오늘의 최고 기온은 20도입니다.

今日の最低気温はマイナス5度でした。
きょう さいてい きおん ど

쿄ー노 사이떼ー기온와 마이나스고도데시다

오늘의 최저 기온은 -5도였습니다.

日中は18度あると聞きました。
にっちゅう ど き

닛츄ー와 쥬ー하찌도 아루또 끼끼마시다

낮 동안은 18도 정도라고 들었습니다.

TIP

▶일본어로 하루의 시간을 나타내는 표현은 다양합니다. 오전과 오후를 구분하는 말은 앞에서 소개해 드렸습니다만 해가 있는 동안을 나타내는 말은 日中를 쓰며 '낮 동안'이라는 뜻입니다.
にっちゅう

☑ 내일 최저 기온은 몇 도입니까?

明日の最低気温は何度ですか。

아시따노 사이떼-기온와 난도데스까

☑ 어제 최고 기온은 몇 도였습니까?

昨日の最高気温は何度でした
か。

기노-노 사이코-기온와 난도데시다까

☑ 올해는 작년의 평균 기온을 밑돌겠습니다.

今年は去年の平均気温を下回り
ました。

고토시와 코넨노 헤이낑키온오 시따마와리마시따

最低 최저

気温 기온

最高 최고

平均 평균

下回る 하회하다, 밑돌다

▶ 最高는 '최고'라는 뜻으로, 가장 높은 위치를 말하지만 기분을 나타낼 때에도 사용될 수 있습니다. 반면 最低는 가장 낮은 위치를 말할 때에 사용하며 이 또한 기분을 나타낼 때에도 사용됩니다.

A : 덥네요. 오늘은 몇 도인가요?

暑いですね。今日は何度ですか。

아쯔이데스네 쿄-와 난도데스까

B : 최고 기온이 30도라고 들었습니다.

最高気温が30度だと聞きました。

사이코-키온가 산쥬-도다또 끼끼마시다

A : 아침부터 더워서 쓰러질 것 같습니다.

朝から暑かったのでバテそうです。

아사까라 아쯔캇따노데 바떼소-데스

B : 최저 기온도 25도였으니까요.

最低気温も25度でしたからね。

사이떼-기온모 니쥬-고도데시다까라네

A : 작년에도 이렇게 더웠던가?

去年もこんなに暑かったかしら。

쿄넨모 곤나니 아쯔캇따까시라

B : 올해는 작년의 평균기온을 상회하는 듯하네요.

今年は去年の平均気温を上回って
いるそうです。

고토시와 쿄넨노 헤이낀기온오 우와마왓떼 이루소-데스

단어

暑い 더운

朝 아침

バテそう 탈진할 듯, 쓰러질 듯

上回る 상회하다

バテは バテる의 명사형입니다. バテる는 운동 등으로 체력을
소진하여 움직일 수도 없을 정도로 탈진한 상태를 말합니다. 따라
서 '여름을 타다'는 夏バテ라고 합니다.

120

ここからどのくらい
かかりますか。

고꼬까라 도노구라이 가까리마스까

'여기서부터 얼마나 걸립니까?'라는 뜻입니다. 어떤 지점에서 목적지까지 시
간이 어느 정도 걸리는지 질문하는 표현입니다. 주로 이동수단과 방법에 대
한 내용이 함께 사용됩니다.

歩いて10分くらいです。

아루이떼 쥿뿐구라이데스

걸어서 10분 정도입니다.

車で15分かかります。

구루마데 쥬-고훈 가까리마스

차로 15분 걸립니다.

ここから20キロの距離です。

고꼬까라 니쥿키로노 쿄리데스

여기서부터 20km 거리입니
다.

TIP

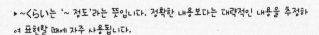

▶~くらいは '~ 정도'라는 뜻입니다. 정확한 내용보다는 대략적인 내용을 추정하
여 표현할 때에 자주 사용됩니다.

☑ 시청은 여기서부터 어느 정도입니까?

市役所はここからどのくらいですか。

시야꾸쇼-와 고꼬까라 도노쿠라이데스까

☑ 지하철을 타고 30분은 걸립니다.

地下鉄に乗って30分はかかります。

치까테쯔니 놋떼 산줏뿐와 가까리마스

☑ 여기서부터 500m 정도 걸어가세요.

ここから500メートルくらい歩いてください。

고꼬까라 고햐꾸메-또루구라이 아루이떼 구다사이

▶ '시청'은 일본어로 市役所라고 합니다. 흔히 사용하지 않는 표현이지만 市庁라고도 하나 '시장'을 말하는 市長와 동일한 발음이라는 것을 알아 두시기 바랍니다.

市役所 시청

かかる (시간) 걸리다, 소요되다

歩く 걷다

A : 영화관은 여기서부터 얼마나 걸립니까?

映画館はここからどのくらいかかり
ますか。

에-가칸와 고꼬까라 도노구라이 가까리마스까

B : 걸어서 15분 정도입니다.

歩いて15分くらいです。

아루이떼 쥬-고훈구라이데스

A : 여기서부터 택시를 타려고 생각합니다.

ここからタクシーに乗ろうと思ってい
ます。

고꼬까라 타쿠시-니 노로-또 오못떼이마스

B : 택시를 타면 5분으로 도착합니다.

タクシーに乗ったら5分で着きます
よ。

타쿠시-니 놋따라 고훈데 쯔끼마스요

A : 버스도 있네요.

バスもありますね。

바스모 아리마스네

B : 버스를 타면 3번째 정류장이에요.

バスに乗ったら3つ目の停留所です
よ。

바스니 놋따라 밋쯔메노 테-류-죠데스요

단어

映画館 영화관

タクシー 택시

乗る (탈것을) 타다

着く 도착하다

~と思っています는 자신의 의견이나 생각을 단정하여 표현하기
보다는 부드럽게 전달하는 표현으로 '~라고 생각합니다'라는 뜻입
니다.

何階にありますか。
なん　かい

난까이니 아리마스까

'몇 층에 있습니까?'라는 뜻입니다. 어떤 곳의 위치가 몇 층인지를 물어볼 때에 사용하는 표현입니다.

5階にあります。
かい
고까이니 아리마스

5층에 있습니다.

たぶん2階です。
かい
다분 니까이데스

아마 2층입니다.

10階なのでエレベーターに乗りましょう。
かい　　　　　　　　　　　　　　　の
쥿까이나노데 에레베-타-니 노리마쇼-

10층이니까 엘리베이터를 탑시다.

TIP

▶건물의 층을 말할 때에는 숫자와 함께 階를 붙여서 사용합니다. 이때 階는 층에 따라서 발음이 변화합니다. '3층'은 3階로 발음이 변화한다는 것을 참고로 알아 두시기 바랍니다. 하지만 이 또한 최근은 혼용해서 사용하는 사람들도 많아지고 있습니다.

☑ 신사복 판매장은 4층입니다.

紳士服売り場は4階です。

신시후꾸우리바와 욘까이데스

☑ 백화점 지하는 즐겁다.

デパ地下は楽しい。

데파치까와 타노시-

☑ 에스컬레이터로 7층까지 올라간다.

エスカレーターで7階まで上がる。

에스까레-타-데 나나까이마데 아가루

단어

紳士服 신사복, 양복

売り場 판매점

階 (건물의) 층

デパ地下 백화점 지하(주로 백화점 지하식품코너를 의미)

エスカレーター 에스컬레이터

▶엘리베이터 또는 에스컬레이터처럼 어떤 위치가 올라가는 것을 上がる라고 하고 내려가는 것은 下りる라고 표현하는 것을 알아 두시기 바랍니다.

A : 여성복 판매장은 몇 층에 있습니까?

女性服売り場は何階にありますか。

죠세-후꾸우리바와 난까이니 아리마스까

B : 2층에 있습니다.

2階にございます。

니까이니 고자이마스

A : 먼저 3층 둘러볼까나.

先に3階見てみようかしら。

사끼니 산까이 미떼 미요-까시라

B : 3층은 신사복입니다.

3階は紳士服になります。

산까이와 신시후꾸니 나리마스

A : 그럼 3층에서 2층으로 가서 지하 1층에서 케이크를 사야지.

じゃ-3階から2階に行って地下1階でケーキを買おう。

쟈- 산가이까라 니까이니 잇떼 치까잇까이데 케-키오 가오-

B : 천천히 둘러보십시오.

ごゆっくりどうぞ。

고윳꾸리도-조

女性服 여성복

先に 우선, 먼저

ケーキ 케이크

ゆっくり 천천히

~かしら는 주로 일본 여성들이 사용하는 독백형 표현입니다. 어떤 동작이나 행동을 '~해 볼까' 하는 표현으로 주로 혼잣말로 사용합니다.

何割ですか。
なん わり

난와리데스까

'몇 퍼센트입니까?'라는 뜻입니다. 주로 상점 등에서 물건을 구매할 때에 가격의 할인에 대해 질문하는 표현입니다.

今日はセールで5割引きです。　오늘은 세일로 50% 할인입니다.
きょう　　　　　　　わり び

쿄-와 세-루데 고와리비끼데스

9割方です。　　　　　　　90% 정도입니다.
わり かた

큐-와리카따데스

7割引きです。　　　　　　70% 할인입니다.
わり び

나나와리비끼데스

TIP

▶위의 표현에서 사용된 ~割引き는 '~프로 할인'이라는 뜻입니다. 引き는 '빼
　わり び　　　　　　　　　　　　　　　　　　　　　　　　　　　　　 び
기'라는 표현으로 할인율을 표현할 때에 자주 사용됩니다.

☑ 소비세는 몇 퍼센트입니까?

しょう ひ ぜい　　 なん わり
消費税は何割ですか。

쇼-히제-와 난와리데스까

☑ 물을 섞어서 마시겠습니다.

みず わ　　　　の
水割りを飲みます。

미즈와리오 노미마스

☑ 야구의 타율은 몇 할 몇 푼 몇 리로 표시합니다.

や きゅう　　 だ りつ　　　　なん わり なん ぶん なん りん
野球の打率は何割何分何厘で
あらわ
表します。

야큐-노 다리쯔와 난와리난분난린데 아라와시마스

しょう ひ ぜい
消費税 소비세

みず わ
水割り 물을 섞음

や きゅう
野球 야구

だ りつ
打率 타율

あらわ
表す 나타내다, 표시
하다

▶일본은 한국과는 달리 소비세를 직접세로 운영하고
しょう ひ ぜい
있습니다. 일본에서 물건을 구매하면 영수증에 消費税
라고 소비세라는 표시를 볼 수 있으며 현재는 해당 물
건 값의 8%를 소비세로 추가 지불해야 합니다.

A : 노트북은 사셨어요?

ノートパソコンは買いましたか。

노-토파소콘와 가이마시다까

B : 네, 싼 것을 찾아서요.

はい。安いものがが見つかりまして
ね。

하이 야스이 모노가 미쯔까리마시떼네

A : 몇 프로입니까?

何割ですか。

난와리데스까

B : 인터넷에서 30프로 할인이었습니다.

ネットで3割引きでした。

넷토데 산와리비끼데시다

A : 빠른 사람이 이겼네요.

早いもの勝ちですね。

하야이 모노 가찌데스네

B : 인터넷에서는 싸게 살 수 있으니까요.

ネットでは安く買えますからね。

넷토데와 야스꾸 가에마스까라네

단어

安い 싼

早い 빠른

ネットは インターネットの 줄임말로서 '인터넷' 또는 '온라인'을
의미합니다. 현재는 주로 '온라인' 공간을 가리키는 경우가 많습니
다.

どのくらい広いですか。

どのくらい広<ひろ>いですか。

도노구라이 히로이데스까

'어느 정도 넓나요?'라는 뜻입니다. 방이나 건물의 면적을 질문할 때에 사용하는 표현으로 대상물의 넓이를 의미합니다.

東京<とう きょう>ドーム3個<こ>分<ぶん>だそうです。

도-쿄-도-무 산꼬분다소-데스

도쿄돔 3개 크기 정도인 것 같습니다.

東京<とう きょう>で2番目<ばん め>に広<ひろ>いところです。

도-쿄-데 니방메니 히로이 도꼬로데스

도쿄에서 두 번째로 넓은 곳입니다.

サッカー場<じょう>と同<おな>じくらいです。

삿까-죠-또 오나지구라이데스

축구장과 비슷한 정도입니다.

TIP

▶일본에서는 전통적으로 방의 크기를 말할 때에 한국에서도 잘 알려져 있는 속에 짚을 넣은 돗자리인 일본 전통의 바닥재인 畳<たたみ>의 개수로 표현합니다. 다다미는 통상 공통적인 사이즈(180X90)로 제작되므로 일본인이라면 누구든지 그 크기를 짐작할 수 있습니다.

☑ 넓이는 어느 정도입니까?

広さはどれくらいですか。

히로사와 도레구라이데스까

☑ 면적은 어느 정도입니까?

面積はどのくらいですか。

멘세끼와 도노구라이데스까

☑ 테니스코트 정도 넓습니다.

テニスコートほど広いです。

테니스코-토호도 히로이데스

☑ 넓이를 잰다.

広さを測る。

히로사오 하까루

단어

広さ 넓이

面積 면적

テニスコート 테니스 코트

測る 재다, 측정하다

▶일상생활에서 면적을 표현할 때 ~ほど広い를 사용합니다. 이는 '~ 정도 넓다'라는 뜻으로 듣는 사람이 충분히 이해할 수 있는 사물이나 대상을 넣어서 사용합니다.

A : 다음 달 넓은 곳으로 이사 갑니다.

来月広いところに引っ越します。

라이게쯔 히로이 도꼬로니 힛꼬시마스

B : 어느 정도 넓나요?

どのくらい広いですか。

도노구라이 히로이데스까

A : 방이 3개고 거실이 넓어요.

部屋が3つでリビングが広いんです。

헤야가 밋쯔데 리빙구가 히로인데스

B : 꽤 넓군요.

ずいぶん広いですね。

즈이분 히로이데스네

A : 작은 마당도 있어요.

小さな庭もあります。

치-사나 니와모 아리마스

B : 그거 기대되시겠네요.

それは楽しみですね。

소레와 다노시미데스네

引っ越す 이사하다

部屋 방

リビング 거실

庭 정원

楽しみ 즐거움, 기다림

楽しみ는 '즐거움'이라는 뜻입니다. 어떤 기대감을 가지는 상황에서 사용되며, 약속 후에 ~楽しみにしています라고 하면 '~ 기대하겠습니다'라는 뜻입니다. 예의 있는 표현입니다.

どのくらい厚いですか。

도노구라이 아쯔이데스까

'얼마나 두껍나요?'라는 뜻입니다. 어떤 물건이나 대상의 두께를 물어볼 때에 사용하는 표현입니다.

厚みが5センチ以上あります。　두께가 5cm 이상 있습니다.

아쯔미가 고센찌이죠- 아리마스

厚いと言っても1センチくらいですかね。

두껍다고 해도 1cm 정도일까요.

아쯔이또 잇떼모 잇센찌구라이데스까네

厚さを測ってみましょう。　　두께를 재어 봅시다.

아쯔사오 하깟떼미마쇼

TIP

▶위의 표현 중 ~と言ってもと '~라고 말하더라도'라는 뜻으로, '~보다는 못 미치거나 기껏해야 '~ 정도'라는 의미로 사용되는 표현입니다.

☑ 두꺼운 참고서로 공부하다.
分厚い参考書で勉強する。

부아쯔이 산코-쇼데 벤쿄-스루

☑ 그는 정이 두터운 사람입니다.
彼は人情の厚い人です。

가레와 닌죠-노 아쯔이 히또데스

☑ 화장이 두껍다.
化粧が厚い。

케쇼-가 아쯔이

☑ 정성 가득한 간호를 받다.
手厚い看護を受ける。

테아쯔이 칸고오 우케루

단어

厚い 두꺼운

参考書 참고서

勉強する 공부하다

人情 인정

化粧 화장

看護 간호

▶ 手厚い는 한국어로 '정성껏'이라는 의미입니다. 주로
마음을 담아서 손을 사용하는 노동 등을 말할 때에 사
용하는 표현입니다.

A : 어제 햄버그를 먹으러 갔습니다.

昨日ハンバーグを食べに行きました。

기노- 한바-구오 타베니 이끼마시다

B : 맛있었습니까?

おいしかったですか。

오이시깟따데스까

A : 고기가 무척 두껍고 맛있었습니다.

肉がとても厚くておいしかったです。

니꾸가 도떼모 아쯔꾸떼 오이시깟따데스

B : 어느 정도로 두껍나요?

どのくらい厚いですか。

도노구라이 아쯔이데스까

A : 2cm 정도였다고 생각해요.

2センチはあったと思います。

니센찌와 앗따또 오모이마스

B : 저도 다음에 데려가 주세요.

私も今度連れて行ってください。

와따시모 곤도 쯔레떼 잇떼 구다사이

ハンバーグ 햄버거

食べに行く 먹으러 가다

肉 고기, 육고기

今度 다음에

連れていく 데리고 가다

ハンバーグ는 햄버거 스테이크입니다. 패스트푸드점의 햄버거는 ハンバーガー라고 합니다.

135

★ 031 몇 살입니까?

いくつですか。

이꾸쯔데스까

★ 032 얼마나 오래되었습니까?

どのくらい長(なが)いですか。

도노쿠라이 나가이데스까

★ 033 키는 얼마입니까?

身長(しんちょう)はいくつですか。

신쬬-와 이꾸쯔데스까

★ 034 체중은 얼마입니까?

体重(たいじゅう)はいくつですか。

타이쥬-와 이쿠쯔데스까

★ 035 오늘은 몇 도입니까?

今日(きょう)は何度(なんど)ですか。

쿄-와 난도데스까

★ 036 여기서부터 얼마나 걸립니까?

ここからどのくらいかかりますか。

고꼬까라 도노구라이 가까리마스까

★ 037 몇 층에 있습니까?

何階(なんかい)にありますか。

난까이니 아리마스까

★ 038 몇 퍼센트입니까?

何割(なんわり)ですか。

난와리데스까

★ 039 어느 정도 넓나요?

どのくらい広(ひろ)いですか。

도노구라이 히로이데스까

★ 040 얼마나 두껍나요?

どのくらい厚(あつ)いですか。

도노구라이 아쯔이데스까

Part 05 만남

遊びに行きませんか。

아소비니 이끼마센까

'놀러 가지 않을래요?'라는 뜻입니다. 상대방에게 약속을 제안하거나 함께
놀러 가자는 제안을 할 때에 사용하는 표현입니다.

行きたいです。

이끼따이데스

가고 싶습니다.

先約があります。

센야꾸가 아리마스

선약이 있습니다.

どこに行くんですか。

도꼬니 이꾼데스까

어디로 갑니까?

TIP

▶遊びは 보통은 '놀이'라는 뜻이지만, 일반적으로는 함께 시간을 보내는 활동들
을 통틀어 표현합니다. 통상 상대방에게 함께 시간을 보낼 것을 권할 때에 사용합
니다.

☑ 지금까지 예정은 없습니다.
今のところ予定はありません。

이마노 도꼬로 요떼-와 아리마셍

☑ 약속이 있습니다.
約束があります。

야꾸소꾸가 아리마스

☑ 어디든지 가고 싶습니다.
どこにでも行きたいです。

도꼬니데모 이끼따이데스

☑ 놀러 가고 싶었었습니다.
遊びに行きたかったです。

아소비니 이끼따깟따데스

단어

予定 예정

約束 약속

どこにでも 어디든지

遊び 놀이, 게임

▶ 현재까지의 일정을 확인할 때에 사용하는 표현인 今
のところ는 '아직까지는…'이라는 뜻으로 사용됩니다.
주로 일정을 조정할 때나 약속에 대한 현재의 상황을
전달하고자 하는 경우에 사용합니다.

A : 다음 주 토요일 놀러 가지 않을래요?

来週の土曜日、遊びに行きませんか。

라이슈-노 도요-비 아소비니 이끼마센까

B : 지금까지는 괜찮습니다.

今のところ大丈夫です。

이마노 도꼬로 다이죠-부데스

A : 같이 디즈니랜드에 가시죠.

一緒にディズニーランドに行きましょう。

잇쇼니 디즈니-란도니 이끼마쇼-

B : 디즈니랜드는 비용이 비싸요.

ディズニーランドは料金が高いですよ。

디즈니-란도와 료-낑가 다까이데스요

A : 아버지가 입장권 2장을 주셨어요.

父が入場券を2枚くれたんです。

치치가 뉴-죠-켄오 니마이꾸레딴데스

B : 그렇다면 사양 않고 가겠습니다.

それじゃ-遠慮なく行かせてもらいます。

소레쟈- 엔료나꾸 이까세떼 모라이마스

단어

来週 다음 주

今のところ 지금까지, 현재까지

ディズニーランド 디즈니랜드

料金 요금

入場券 입장권

遠慮なく 망설이지 않고, 주저없이

遠慮なく는 '사양하지 않고'라는 뜻입니다. 이는 일본어의 관용적인 표현으로 상대방을 배려하여 사양하는 것을 말합니다.

どこで会<ruby>会<rt>あ</rt></ruby>いますか。

도꼬데 아이마스까

'어디서 만날까요?'라는 뜻입니다. 상대방에게 만날 장소에 대해 질문하는 표현입니다. 구체적인 장소를 질문하는 방법으로 자주 사용하는 표현 방법을 잘 익혀서 사용해 보시기 바랍니다.

どこでもいいですよ。

도꼬데모 이-데스요

어디든지 좋아요.

<ruby>水<rt>すい</rt></ruby><ruby>族<rt>ぞく</rt></ruby><ruby>館<rt>かん</rt></ruby>で<ruby>会<rt>あ</rt></ruby>いましょう。

수이조꾸깐데 아이마쇼-

수족관에서 만나요.

<ruby>東<rt>とう</rt></ruby><ruby>京<rt>きょう</rt></ruby><ruby>駅<rt>えき</rt></ruby>の<ruby>前<rt>まえ</rt></ruby>はどうですか。

도-꾜-에끼노 마에와 도-데스까

도쿄역 앞은 어떻습니까?

TIP

▶ ~どうですか는 자신의 제안 또는 생각에 대해 상대방에게 의견을 구할 때에 사용하는 표현입니다. 그 뜻은 '~ 어떻습니까?'입니다.

☑ 어디에서 만나는 것이 좋다고 생각합니까?

どこで会うのがいいと思います
か。

도꼬데 아우노가 이-또 오모이마스까

☑ 어디가 가장 편하시겠습니까?

どこが一番都合がいいですか。

도꼬가 이찌방 쯔고-가 이-데스까

☑ 그곳은 사람이 많아서 좀..

あそこは人が混み合うのでちょっ
と。

아소꼬와 히또가 코미아우노데 춋또

☑ 당일에 만납시다.

当日お会いしましょう。

도-지쯔 오아이시마쇼-

단어

混み合う 붐비다, 혼
잡하다

当日 당일

▶일본인들은 자신의 의견을 직접적으로 말하기보다는
상대방의 의견을 구하는 표현을 자주 사용합니다. 위의
예문의 いいと思いますか는 '좋다고 생각하십니까'라
는 뜻입니다.

A : 미야노 씨 일요일에 어디서 만날까요?

宮野さん、日曜日どこで会いますか。

미야노상 니찌요-비 도꼬데 아이마스까

B : 시부야역 앞은 어떤가요?

渋谷駅の前はどうですか。

시부야에끼노 마에와 도-데스까

A : 거기는 사람이 많아서 좀..

あそこは人が多くてちょっと。

아소꼬와 히또가 오-꾸떼 춋또

B : 그렇다면 시부야역 옆에 있는 스타벅스 앞은 어떤가요?

それでは、渋谷駅の隣にあるスタバ
の前はどうですか。

소레데와 시부야에끼노 도나리니 아루 스타바노 마에와
도-데스까

A : 좋네요.

いいですね。

이-데스네

B : 그럼 일요일에 만나요.

では、日曜日に会いましょう。

데와 니찌요-비니 아이마쇼-

あそこ 그곳, 그쪽

隣 옆, 근처

スタバ 스타벅스 커피점

スタバ는 우리에게 잘 알려진 '스타벅스 커피전문점'을 말하는 것
으로 원래 발음인 スターバックス를 줄여서 부르는 것입니다.

143

どこに行きましょうか。

도꼬니 이끼마쇼-까

'어디로 갈까요?'라는 뜻입니다. 상대방에게 가는 장소나 목적지를 질문할 때 사용하는 표현입니다.

田中さんにお任せします。

다나까상니 오마까세시마스

다나카 씨에게 맡기겠습니다.

ゆっくり話せるところに行きたいです。

윷꾸리 하나세루토꼬로니 이끼따이데스

느긋하게 대화할 수 있는 곳으로 가고 싶습니다.

ネットで探してみます。

넷또데 사가시떼 미마스

인터넷으로 찾아볼게요.

TIP

▶ ネット는 인터넷을 의미하는 것으로 インターネット의 줄임말입니다. 일본에서는 인터넷 온라인 쇼핑을 줄여서 ネット・ショッピング라고 합니다.

☑ 근처에서 찾아봅시다.

近場で探しましょう。

치까바데 사가시마쇼-

☑ 커피의 향기가 감돈다.

コーヒーの香りが漂う。

고-히-노 가오리가 다다요우

☑ 카운타 바로 앞에 앉읍시다.

カウンターの手前に座りましょう。

키운타-노 테마에니 스와리마쇼-

☑ 어디로 가면 좋을까요?

どこに行ったらいいと思います
か。

도꼬니 잇따라 이-또 오모이마스까

단어

近場 근처, 주변

コーヒー 커피

香り 향기

漂う 떠돌다, 감돌다

カウンター 카운터

手前 가까운 쪽

座る 앉다

▶ 가까운 곳이라는 표현을 사용할 때에 手前라는 표현을 자주 사용합니다. 이는 자신 또는 대상을 기준으로 가까운 쪽을 의미합니다.

A : 조금 쉬었다 가지 않겠습니까?

少し休んでいきませんか。

스꼬시 야순데 이끼마센까

B : 그래요. 어디로 갈까요?

そうですね。どこに行きましょうか。

소-데스네 도꼬니 이끼마쇼-까

A : 근처에 새로운 커피숍이 생겼어요.

近くに新しいコーヒーショップができたんです。

찌까꾸니 아따라시- 고-히-숏뿌가 데끼딴데스

B : 커피의 좋은 향기가 나기 시작하네요.

コーヒーのいい香りがしてきましたね。

고-히-노 이- 가오리가 시떼끼마시다네

A : 어디에 앉아요?

どこに座りますか。

도꼬니 스와리마스까

B : 안쪽에 앉읍시다.

奥の方に座りましょう。

오꾸노 호-니 스와리마쇼-

休む 쉬다, 휴식하다

コーヒーショップ 커피숍

奥の方 안쪽

香りと匂いは모두 '냄새'를 의미하지만 香りと 보다 아름답고 향기로운 냄새이며 匂いと 통상적인 뜻으로 사용합니다. 참고로 발음은 같고 한자는 다른 臭いと 불쾌한 냄새를 말합니다.

今どこですか。

이마 도꼬데스까

'지금 어디인가요?'라는 뜻입니다. 상대방에게 현재 있는 장소를 질문할 때
사용하는 표현입니다.

家です。

이에데스

집입니다.

電車の中にいます。

덴샤노 나까니 이마스

전철 안에 있습니다.

デパートの前です。

데파-또노 마에데스

백화점 앞입니다.

TIP
▶일본에서는 대부분 근거리를 운행하는 기차의 개념인 '전차(電車)'는 JR이라고
도 말하며 지하철은 地下鉄로 표현함을 알아 두시고 일본지역에서 표시되는 전
차와 지하철의 개념을 잘 구분해서 사용하시기 바랍니다.

☑ 지금 어디쯤인가요?

今どの辺ですか。

이마 도노 헨데스까

☑ 어디까지 왔습니까?

どこまで来ましたか。

도꼬마데 끼마시다까

☑ 약속 시간을 지키겠습니다.

約束の時間を守ります。

야꾸소꾸노 지깐오 마모리마스

☑ 곧 도착합니다.

間もなく到着します。

마모나꾸 도-챠꾸시마스

단어

どの辺 어디쯤, 어디 주변

守る 지키다, 엄수하다

間もなく 곧, 금방

到着 도착

▶대화 중 정확한 지점을 말하기 곤란한 상황에서 위치를 말할 때는 위치를 나타내는 말에 辺을 붙여서 사용합니다. 이는 '~ 주변' 또는 '~ 근처'라는 뜻입니다.

148

A : 스즈키 씨, 지금 어디인가요?

鈴木さん、今どこですか。

스즈끼상 이마 도꼬데스까

B : 조금 있으면 약속한 장소에 도착합니다.

もう少しで約束の場所に着きます。

모- 스꼬시데 야꾸소꾸노 바쇼니 쯔끼마스

A : 저는 약속 시간에 조금 늦을 것 같습니다.

私は約束の時間に少し遅れそうです。

와따시와 야꾸소꾸노 지깐니 스꼬시 오꾸레소-데스

B : 스기타 씨는 지금 어디인가요?

杉田さんは今どこですか。

스기타상와 이마 도꼬데스까

A : 지금 버스 안에 있습니다.

今バスの中にいます。

이마 바스노 나까니 이마스

B : 조심해서 오세요.

気を付けて来てください。

키오 쯔께떼 끼떼 구다사이

단어

着く 도착하다

遅れる 늦어지다, 더디다

気を付けて~는 '조심해서 ~'라는 뜻입니다. 어떤 행동에 대해서 '조심하라, 주의하라'는 뜻이지만 헤어질 때 인사로 사용하기도 합니다.

149

門限はありますか。
もんげん

몬겐와 아리마스까

'통금시간이 있나요?'라는 뜻입니다. 門限은 '폐문시간'이나 '통행금지 시
간'을 뜻하는 말로 시간을 정하여 귀가해야 되는 상황을 말하는 것입니다. 흔
히 사용하는 표현은 아니지만 일본어의 관용적인 표현입니다.

夜の8時です。
よる **じ**

요루노 하찌지데스

밤 8시입니다.

特にありません。
とく

토꾸니 아리마센

특별히 없습니다.

あるようでないのが門限です。
もんげん

아루요-데 나이노가 몬겐데스

있는 듯 없는 게 통금 시간입
니다.

TIP

▶ あるようでないは '있는 듯이 없는'이라는 뜻으로 실질적으로는 없다는 뜻입니
다. 일본어의 회화에서 자주 사용되는 표현입니다.

☑ 기숙사에 통금 시간이 있다.
寄宿舎に門限がある。
_{き しゅく しゃ　　もん げん}

기슈꾸샤니 몬겐가 아루

☑ 통금 시간이 정해져 있다.
門限が決まっている。
_{もん げん　　き}

몬겐가 키맛떼 이루

☑ 학교 기숙사는 통금 시간이 엄격하다.
学生寮は門限が厳しい。
_{がく せい りょう　　もん げん　　きび}

가꾸세-료-와 몬겐가 키비시-

☑ 통금 시간이 있어서 힘듭니다.
門限があって大変です。
_{もん げん　　たい へん}

몬겐가 앗떼 타이헨데스

단어

_{もんげん}
門限 통금 시간

_{き しゅくしゃ}
寄宿舎 기숙사

_{がく せい}
学生 학생

_{りょう}
寮 숙소

_{きび}
厳しい 엄격한

▶ **大変**은 어떤 일이나 상황이 힘들거나 곤란한 것을 말
할 때에 사용하는 표현입니다. 일상생활에서 아주 빈번
하게 사용되는 표현이므로 관련 표현방법을 잘 익혀서
사용해 보시기 바랍니다.

A : 저는 지금 기숙사에서 생활하고 있습니다.

私は今、寮で生活しています。

와따시와 이마 료-데 세-까쯔시떼 이마스

B : 기숙사에는 통금 시간이 있습니까?

寮に門限はありますか。

료-니 몬겐와 아리마스까

A : 밤 9시입니다.

夜9時です。

요루 구지데스

B : 빠르네요.

早いですね。

하야이데스네

A : 통금 시간을 지키지 않으면 학교 성적에 영향이 있어요.

門限を守らないと学校の成績に響くんです。

몬겐오 마모라나이또 갓꼬-노 세-세끼니 히비꾼데스

B : 그런 편이 부모님도 안심되겠네요.

その方がご両親も安心でしょうね。

소노호-가 고료-신모 안신데쇼-네

生活 생활

守る 지키다, 엄수하다

成績 성적

響く 울리다, 영향을 주다

安心 안심

寄宿舍는 일반적인 학생 기숙사 등과 같이 단체 생활을 하는 합숙소이며 寮는 회사 등에서 제공하는 숙소입니다.

時間は大丈夫ですか。

지깐와 다이죠-부데스까

'시간은 괜찮으세요?'라는 뜻입니다. 상대방에게 시간적인 여유가 있는지를 물어볼 때 사용하는 표현입니다. 특히 상대방에게 폐를 끼치기 꺼려하는 일본인들이 일상에서 자주 사용하는 표현입니다.

大丈夫ですよ。

다이죠-부데스요

괜찮아요.

あまり遅くならなければ大丈夫です。

아마리 오소꾸 나라나께레바 다이죠-부데스

너무 늦지 않는다면 괜찮아요.

今日はちょっと難しいです。

쿄-와 춋또 무즈까시-데스

오늘은 좀 어렵습니다.

TIP

▶ 일본어 회화에서 가장 많이 듣고 가장 많이 사용하는 표현 중의 하나인 大丈夫는 '괜찮다' 또는 '문제없다'라는 의미를 가지고 있습니다. 회화에서 가장 많이 쓰이면서도 가장 포괄적인 의미를 가지고 있습니다.

Part 05 만남

☑ 시간 괜찮습니까?

お時間よろしいですか。

오지깐 요로시-데스까

☑ 그 일정으로 괜찮습니까?

その日程で大丈夫ですか。

소노 닛떼-데 다이죠-부데스까

☑ 시간 괜찮으시겠습니까?

お時間いただけますか。

오지깐 이따다께마스까

☑ 내일이라면 시간 비어 있습니다.

明日なら時間空いてます。

아시따나라 지깐 아이떼마스

단어

日程 일정

空く 비다, 들어 있지
않다

▶ お時間いただけますか는 상대방에게 '시간을 내어
달라'고 요청하거나 '시간 괜찮은지' 묻는 매우 격식
있는 표현입니다.

A : 다나카 씨, 차 마시지 않겠습니까?

田中さん、お茶しませんか。
た　なか　　　　　　ちゃ

다나까상 오쨔시마센까

B : 스즈키 씨, 시간은 괜찮으세요?

鈴木さん、時間は大丈夫ですか。
すず　き　　　　じ　かん　　だいじょう　ぶ

스즈끼상 지깐와 다이죠-부데스까

A : 지금이라면 시간 괜찮습니다.

今なら時間取れます。
いま　　　じ　かん　と

이마나라 지깐 도레마스

B : 그렇다면 가볍게 식사합시다.

だったら軽く食事しましょうよ。
かる　しょく　じ

닷따라 가루꾸 쇼꾸지시마쇼-요

A : 좋네요.

いいですね。

이-데스네

B : 시간이 되는 대로 즐겁게 보냅시다.

時間の許す限り楽しく過ごしましょう。
じ　かん　　ゆる　　かぎ　　たの　　　す

지깐노 유루수카기리 다노시꾸 스고시마쇼-

お茶する 차를 마시다
ちゃ

軽く 가볍게
かる

食事する 식사하다
しょく じ

許す 허락하다
ゆる

限り ~한하여, ~뿐
かぎ

~限り는 동사의 기본형과 함께 사용하여 동사의 행위를 '~하는
かぎ
한'이라는 의미입니다. 어떤 행동의 한정적인 의미를 포함하고 있
습니다.

155

話したいことは何ですか。

하나시따이 고또와 난데스까

'이야기하고 싶은 것이 무엇입니까?'라는 뜻입니다. 상대방이 나에게 이야기하고 싶은 것이 무엇인지를 물어볼 때에 사용하는 표현입니다.

友達のことでちょっと。

도모다찌노 고또데 촛또

친구 일로 좀..

就職のことで話があります。

슈-쇼꾸노 고또데 하나시가 아리마스

취업에 대한 일로 이야기 나누고 싶습니다.

たくさんあって、何から話そうかしら。

다꾸상 앗떼 나니까라 하나소-까시라

많이 있어서 뭐부터 말할까나.

TIP

▶일본어에서 상대방에게 '잠시만'이라는 양해를 구할 때에 쓰는 표현으로 ちょっと를 사용하지만 위의 예문과 같이 쉽게 말을 꺼내지 못하는 상황에서는 '좀' 또는 '약간'이라는 뜻으로도 사용됩니다.

☑ 용건은 뭡니까?

用件は何ですか。
よう けん　　　なん

요-켄와 난데스까

☑ 말하고 싶은 것이 많이 있습니다.

話したいことがたくさんあります。
はな

하나시따이 고또가 다꾸상 아리마스

☑ 물어보고 싶은 것은 무엇입니까?

聞きたいことは何ですか。
き　　　　　　　　　　　なん

끼끼따이 고또와 난데스까

☑ 말하고 싶은 것은 무엇입니까?

言いたいことは何ですか。
い　　　　　　　　　　　なん

이-따이 고또와 난데스까

▸ 話したいことは '말하고 싶은 것'이라는 뜻입니다. ~
はな
たいことは 동사와 함께 사용하여 '~하고 싶은 것'으로
사용됩니다.

단어

用件 용건
ようけん

Part 05 말

A : 어제 부재중 전화에 메시지가 들어와 있었는데요…

昨日留守電にメッセージが入ってま
したけど…

기노- 루수덴니 멧세-지가 하잇떼마시따께도…

B : 네, 이야기하고 싶어서 전화했습니다.

ええ、話がしたくて電話しました。

에- 하나시가 시따꾸떼 뎅와시마시다

A : 이야기하고 싶은 것이 뭔가요?

話したいことは何ですか。

하나시따이 고또와 난데스까

B : 일로 트러블이 있었습니다.

仕事でトラブルがあったんです。

시고또데 토라브루가 앗딴데스

A : 힘들었겠네요.

大変でしたね。

다이헨데시다네

B : 그게 오늘 해결되었어요.

それが今日解決しました。

소레가 쿄- 가이께쯔시마시다

留守電 부재중 전화

メッセージ 메시지

仕事 일, 작업

トラブル 트러블, 문제

解決 해결

ええ는 '네'라고 대답할 때 쓰는 표현입니다. 통상적으로 격식을 갖춘 표현은 はい지만 약간의 격식을 갖춘 표현은 ええ입니다. 편안한 사이에서는 うん이라는 표현도 사용합니다.

誰(だれ)と会(あ)いますか。

다레또 아이마스까

'누구와 만나나요?'라는 뜻입니다. 상대방에게 누구를 만나는지 물어볼 때
사용하는 표현입니다.

Part 05
만남

家族(かぞく)と会(あ)います。

가조꾸또 아이마스

가족과 만납니다.

学生時代(がくせいじだい)の親友(しんゆう)に会(あ)います。

가꾸세-지다이노 신유-니 아이마스

학창 시절의 친구를 만납니다.

会社(かいしゃ)の同僚(どうりょう)に会(あ)います。

가이샤노 도-료니 아이마스

회사 동료를 만납니다.

TIP

▶ ~時代(じだい)는 한국어로 '~ 시절'이라는 뜻입니다. 한국어 표현과는 달리 시기를 나
타낼 수 있는 명사와 함께 사용하여 시간을 표현할 때에 사용할 수 있습니다.

☑ 누구와 만납니까?

誰に会いますか。

다레니 아이마스까

☑ 누군가와 만났습니까?

誰かに会いましたか。

다레까니 아이마시따까

☑ 누구와 만날 예정입니까?

誰に会う予定ですか。

다레니 아우 요떼-데스까

☑ 누구와도 만나지 못했습니다.

誰とも会いませんでした。

다레또모 아이마센데시다

▶일본어로 불특정한 사람인 '누구'라는 표현은 誰를 사용합니다. 일반적인 표현인 誰와 함께 존칭형인 何方도 자주 사용되며 '어느 분'이라는 뜻입니다.

단어

誰 누구

A : 이번 일요일 누구와 만납니까?

今度の日曜日、誰と会いますか。
こんど　にちようび　だれ　あ

곤도노 니찌요-비 다레또 아이마스까

B : 소꿉친구를 만납니다.

幼なじみに会います。
おさな　　　　あ

오사나나지미니 아이마스

A : 몇 년 만이세요?

何年ぶりですか。
なん　ねん

난넨부리데스까

B : 15년 만이네요.

15年ぶりですね。
ねん

쥬-고넨부리데스네

A : 꽤나 오래되었네요.

ずいぶん経つんですね。
た

즈이분 다쯘데스네

B : 어쨌든 유치원 때의 친구였으니까요.

何しろ幼稚園の頃の友達ですから。
なに　　ようちえん　ころ　ともだち

나니시로 요-찌엔노 고로노 도모다찌데스까라

幼なじみ 소꿉친구, 죽
おさな
마고우

経つ 경과하다
た

何しろ 어쨌든
なに

幼稚園 유치원
よう　ちえん

시간이나 시간의 경과를 나타내는 말에 ~ぶり를 함께 사용하면 '~
만에'라는 뜻이 됩니다. 예문에서 나타나듯이 15年ぶり와 같이 사
ねん
용됩니다.

連れて行ってもいいですか。

쯔레떼 잇떼모 이-데스까

'데리고 가도 되나요?'라는 뜻입니다. 상대방에게 어떤 장소나 상황에 동반
자가 참석이 가능한지를 확인할 때에 사용하는 표현입니다.

構いませんよ。

가마이마센요

상관없어요.

全然平気です。

젠젠 헤-끼데스

전혀 문제없어요.

連れてくるのはお断りします。

쯔레떼 쿠루노와 오고또와리시마스

데리고 오는 것은 거절하겠습
니다.

TIP

▶ 공원이나 식당과 같이 대중이 함께 이용하는 시설 등의 안내문에 お断り라는 표
현을 자주 볼 수 있습니다. 이는 출입자 또는 이용자들에게 주의 사항을 알려 주는
내용으로, 반드시 주의 깊게 내용을 확인하시고 이용하시기 바랍니다.

☑ 따라가도 되나요?

ついて行ってもいいですか。

쯔이떼 잇떼모 이-데스까

☑ 데리고 와도 되나요?

連れてきてもいいですか。

쯔레떼 끼떼모 이-데스까

☑ 전혀 괜찮아요.

全然大丈夫ですよ。

젠젠 다이죠-부데스요

☑ 그만두는 편이 낫다고 생각합니다.

やめた方がいいと思います。

야메따 호-가 이-또 오모이마스

▶동사의 과거형과 함께 사용하는 ~方がいい는 '~하는 편이 낫다'라는 관용적인 표현입니다.

단어

連れてくる 데려오다

全然 전혀, 전연

方 쪽, 방향

A : 가게에 개를 데리고 가도 되나요?

お店に犬を連れて行ってもいいですか。

오미세니 이누오 쯔레떼 잇떼모 이-데스까

B : 애완동물과 함께 들어갈 수 있는 가게도 있어요.

ペットと一緒に入れるお店もあります。

펫토또 잇쇼니 하이레루 오미세모 아리마스

A : 식사도 됩니까?

食事もできますか。

쇼꾸지모 데끼마스까

B : 카페나 레스토랑도 있는 것 같아요.

カフェやレストエランもあるようですよ。

카훼야 레스토랑모 아루요-데스요

A : 그럼 알아보겠습니다.

では調べてみます。

데와 시라베떼미마스

B : 좋은 곳이 발견되면 좋겠네요.

いいところが見つかるといいですね。

이- 도꼬로가 미쯔까루또 이-데스네

犬 개, 강아지

ペット 애완동물

カフェ 카페

レストラン 레스토랑

調べてみる 조사해 보다

見つかる 발견하다, 찾아지다

見つかる는 '발견되다'라는 뜻입니다. 이는 조사 등을 통하여 정보나 사실을 알게 되는 것을 뜻하는 것으로 사전에 모르는 내용이나 사실을 알게 되는 경우에 사용됩니다.

今日はどうでしたか。
きょう

쿄-와 도-데시다까

'오늘은 어땠나요?'라는 뜻입니다. 상대방에게 오늘의 일상 중의 특별한 상황에 대한 것을 물어보거나 가까운 동료 사이에 인사로 사용하는 표현입니다.

楽しかったです。
たの
다노시깟따데스

즐거웠습니다.

まずまずでした。
마즈마즈데시다

그저 그랬습니다.

人が多くて疲れました。
ひと　おお　　つか
히또가 오-꾸떼 쯔까레마시다

사람이 많아서 힘들었습니다.

TIP

▶ まずまずは '그럭저럭'이라는 뜻으로 만족스러운 상태는 아니었음을 표현하는 방법입니다. 직설적인 표현을 꺼려하는 일본인의 대화방법에 비추어 볼 때에 불만족스러웠던 것을 우회적으로 표현합니다.

☑ 기뻤습니다.

嬉しかったです。

우레시깟따데스

☑ 해외여행은 어땠습니까?

海外旅行はどうでしたか。

가이가이료꼬-와 도-데시다까

☑ 오늘 미팅은 어땠습니까?

今日のミーティングはどうでしたか。

쿄-노 미-팅구와 도-데시다까

☑ 그저께는 어땠습니까?

おとといはどうでしたか。

오또또이와 도-데시다까

嬉しい 기쁜

海外 해외

旅行 여행

ミーティング 미팅

おととい 그저께

▶상대방에게 어떤 상황이나 결과에 대해 질문할 때 사용하는 どうですか는 현재의 의미로 '어떻습니까'에 해당되고 どうでしたか는 과거형으로 '어땠습니까'라고 해석합니다.

A : 다나카 씨, 오늘은 어땠습니까?

田中さん、今日はどうでしたか。

다나까상 쿄-와 도-데시다까

B : 놀이동산은 오랜만이라서 즐거웠습니다.

遊園地は久しぶりで楽しかったで
す。

유-엔치와 히사시부리데 타노시깟따데스

A : 무엇이 가장 즐거웠습니까?

何が一番楽しかったですか。

나니가 이치방 타노시깟따데스까

B : 롤러코스터일까요…

ジェットコースターかな…

젯또코-스타-까나

A : 다나카 씨는 스피드광이군요.

田中さんはスピード狂ですね。

다나까상와 스피-도쿄-데스네

B : 아, 관람차도 좋았습니다.

あ、観覧車もよかったです。

아 칸란샤모 요깟따데스

단어

遊園地 유원지

ジェットコースター 제
트코스터

スピード狂 스피드광

観覧車 관람차

何が一番은 한국어 표현과 마찬가지로 여러 가지 내용 중에서 가장 우선이 되는 것을 물어볼 때에 사용하는 표현입니다. 一番은 '1번'이라는 순위보다는 '가장 ~'으로 해석합니다.

167

★ 041 놀러 가지 않을래요?
遊びに行きませんか。
아소비니 이끼마센까

★ 042 어디서 만날까요?
どこで会いますか。
도꼬데 아이마스까

★ 043 어디로 갈까요?
どこに行きましょうか。
도꼬니 이끼마쇼-까

★ 044 지금 어디인가요?
今どこですか。
이마 도꼬데스까

★ 045 통금시간이 있나요?
門限はありますか。
몬겐와 아리마스까

★ 046 시간은 괜찮으세요?
時間は大丈夫ですか。
지깐와 다이죠-부데스까

★ 047 이야기하고 싶은 것이 무엇입니까?
話したいことは何ですか。
하나시따이 고또와 난데스까

★ 048 누구와 만나나요?
誰と会いますか。
다레또 아이마스까

★ 049 데리고 가도 되나요?
連れて行ってもいいですか。
쯔레떼 잇떼모 이-데스까

★ 050 오늘은 어땠나요?
今日はどうでしたか。
쿄-와 도-데시다까

168

Part 06 일상

何<ruby>なに</ruby>をしていますか。
나니오 시떼 이마스까

'무엇을 하고 있습니까?'라는 뜻입니다. 전화 등과 같이 상대방과 함께 있지 않는 상황에서 상대방에게 현재의 상황을 물어보거나 인사로 사용하는 표현입니다.

新聞<ruby>しんぶん</ruby>を読<ruby>よ</ruby>んでいます。　　　신문을 읽고 있습니다.
신분오 욘데 이마스

今<ruby>いま</ruby>、日本語<ruby>にほんご</ruby>を勉強<ruby>べんきょう</ruby>しています。　지금, 일본어 공부를 하고 있습니다.
이마 니혼고오 벤쿄-시떼 이마스

家<ruby>いえ</ruby>でゴロゴロしています。　　집에서 뒹굴뒹굴하고 있습니다.
이에데 고로고로시떼 이마스

TIP

▶한국어와 마찬가지로 일본어에서도 의태어를 많이 사용합니다. 어떤 물건이 굴러가는 모양을 나타내는 ゴロゴロ나 책장을 넘기는 모양을 나타내는 パラパラ와 같이 상황에 따라 다양한 의태어 표현이 있습니다.

☑ 무엇을 하며 지내고 있습니까?

何をして過ごしていますか。

나니오 시떼 스고시떼 이마스까

☑ 여유가 있으면 일본어 공부를 하고 있습니다.

暇さえあれば日本語の勉強をしています。

히마사에 아레바 니혼고노 벤꾜-오 시떼 이마스

☑ 아무것도 하지 않습니다.

何もしていません。

나니모 시떼 이마센

☑ 뒹굴뒹굴했습니다.

寝転がっていました。

네코로갓떼 이마시다

단어

暇 여가, 짬

勉強する 공부하다

何も 아무것도

寝転がる 뒹굴뒹굴
거리다

▶何もは 부정적인 표현과 함께 사용하여 '아무것도…
(않다)'라는 뜻으로 사용됩니다.

A : 스즈키 씨 무엇을 하고 있나요?

鈴木さん、何をしていますか。

스즈끼상 나니오 시떼 이마스까

B : 방 청소를 하고 있습니다.

部屋の掃除をしています。

헤야노 소-지오 시떼 이마스

A : 그건 좋은 일이네요.

それはいいことですね。

소레와 이-꼬또데스네

B : 기분 전환이 돼요.

気分転換になりますよ。

기분뗀깐니 나리마스요

A : 나도 방을 정리해야겠군요.

私も部屋を片付けようっと。

와띠시모 헤야오 가따즈께욧-또

B : 상쾌해질 거예요.

スッキリしますよ。

숫끼리시마스요

掃除 청소

気分 기분

転換 전환

片付ける 정리하다

スッキリする 상쾌하다

スッキリ는 어떤 산뜻한 모양 또는 말끔한 모양을 나타내는 표현으로 사용되는 말이며 주로 카타카나로 표기합니다. 어떤 상황이나 상태가 잘 정리되어 홀가분한 마음 상태를 표현하는 말입니다.

趣味は何ですか。

슈미와 난데스까

'취미가 무엇입니까?'라는 뜻입니다. 상대방에게 즐겨하는 취미를 물어볼 때 사용하는 표현입니다. 새롭게 만난 사람 등과 친분을 쌓기 위해 필요한 대화 중의 하나입니다.

読書です。
도꾸쇼데스

독서입니다.

旅行です。
료꼬-데스

여행입니다.

これと言える趣味はありません。
고레또 이에루 슈미와 아리마센

이것이라고 말할 수 있는 취미는 없습니다.

TIP

▶ これと言える는 '이것이라고 말할 수 있는'이라는 뜻으로 정확하게 말할 수 있는 것이라는 의미로 사용할 수 있습니다. 주로 부정적인 말과 함께 사용하여서 딱히 특정할 것이 없는 상황을 관용적으로 표현할 때에 사용합니다.

Part 06 일상

☑ 책을 읽는 것입니다.

本を読むことです。

혼오 요무 고또데스

☑ 여행하는 것입니다.

旅行することです。

료꼬-스루 고또데스

☑ 취미라고 말할 수 없습니다.

趣味とは言えません。

슈미또와 이에마셍

☑ 취미를 가지고 있습니까?

趣味を持っていますか。

슈미오 못떼 이마스까

▶동사의 기본형과 こと를 함께 사용하면 그 동사가 가
지는 동작을 명사화하는 표현 방법입니다. 예를 들어
'여행하다'라는 旅行する와 こと가 함께 사용되면 '여
행하는 것'입니다.

A : 야마모토 씨의 취미는 무엇입니까?
山本さんの趣味は何ですか。
야마모또상노 슈미와 난데스까

B : 저의 취미는 그림을 그리는 것입니다.
私の趣味は絵を描くことです。
와따시노 슈미와 에오 가꾸 고또데스

A : 멋지네요.
素敵ですね。
스떼끼데스네

B : 어렸을 적 화가가 되고 싶었습니다.
小さいころ画家になりたかったんです。
찌-사이꼬로 가까니 나리타깟딴데스

A : 어떤 그림을 그리세요?
どんな絵を描きますか。
돈나 에오 가끼마스까

B : 풍경화가 많습니다.
風景画が多いです。
후-께-가가 오-이데스

단어

絵 그림

描く 그림 그리다

画家 화가

風景 풍경

小さいころ는 주로 '어린 시절'이라는 뜻으로 사용됩니다. 비슷한 표현으로는 幼いころ가 있습니다.

最近何かにハマっていますか。
さい きん なに

사이낀 나니까니 하맛떼 이마스까

'최근 무엇인가에 빠져 있나요?'라는 뜻입니다. 앞에서 설명한 문장과 비슷하게 상대방에게 최근 즐겨하는 취미 등을 물어볼 때에 사용하는 표현입니다. 친근한 사람과 일상적으로 나눌 수 있는 대화 중의 하나입니다.

ゲームです.

게-무데스

게임입니다.

料理にハマっています.
りょう り

로-리니 하맛떼 이마스

요리에 빠져 있습니다.

韓流ドラマにハマっています.
かん りゅう

칸류-도라마니 하맛떼 이마스

한류 드라마에 빠져 있습니다.

TIP

▶ ハマる는 어떤 것이나 대상에게 푹 빠져 있는 상태를 말하는 표현입니다. 기본적으로 嵌まる라는 단어를 사용하지만 최근에는 카타카나로 표현되는 경우가 많이 있습니다. 자주 사용하는 표현입니다.
は

☑ 게임에 빠져서 벗어날 수 없습니다.

ゲームにハマって抜けられません。

게-무니 하맛떼 누께라레마셍

☑ 지금 요리에 푹 빠져 있습니다.

今、料理に夢中になっています。

이마 료-리니 무츄-니 낫떼 이마스

☑ 한류 드라마는 한번 보면 멈출 수 없게 됩니다.

韓流ドラマは一度見ると病みつきになります。

칸류-도라마와 이찌도 미루또 야미츠끼니 나리마스

☑ 한국 배우에게 마음을 빼앗겼습니다.

韓国の俳優に心を奪われました。

칸꼬꾸노 하이유-니 고꼬로오 우바와레마시다

단어

ゲーム 게임

抜けられない 헤어 나올 수 없다

料理 요리

夢中になる 몰입하다, 푹 빠지다

韓流ドラマ 한류 드라마

病みつきになる 멈출 수 없게 되다

俳優 배우

奪う 빼앗다

▶어떤 상대나 대상에 '마음을 빼앗기다'는 心を奪われる라는 표현을 사용합니다. 한국어와 동일한 표현 방법으로 이해하시고 잘 익혀 두시기 바랍니다.

A : 야마모토 씨 최근에 무언가에 빠져 있습니까?

山本さん、最近何かにハマっています
か。

야마모또상 사이낀 나니까니 하맛떼 이마스까

B : 사실은 카메라에 푹 빠져 있습니다.

実はカメラに夢中です。

지쯔와 카메라니 무츄-데스

A : 사진을 찍으세요?

写真を撮るんですか。

샤신오 토룬데스까

B : 네 쉬는 날에 많이 찍습니다.

はい。休みの日にたくさん撮ります。

하이 야스미노 히니 다꾸상 토리마스

A : 어떤 사진을 찍습니까?

どういう写真を撮りますか。

도-유-샤신오 토리마스까

B : 식물 사진이 대부분입니다.

植物の写真がほとんどです。

쇼꾸부쯔노 샤신가 호똔도데스

実は 사실은, 실제로

カメラ 카메라

写真 사진

撮る (사진을) 찍다

休みの日 휴일

植物 식물

夢中는 앞에서 설명한 ハマる와 같이 어떤 것이나 대상에게 푹
빠져 있는 상태를 말합니다.

178

生活に慣れましたか。

せい かつ に な

세-까쯔니 나레마시다까

'생활이 익숙해졌습니까?'라는 뜻입니다. 상대방에게 새롭게 변화된 환경 등의 상황에 적응하고 있는지를 물어볼 때에 사용하는 표현입니다. 친구와 직장 동료 등과 친분을 쌓기 위해 필요한 대화 중의 하나입니다.

慣れたと思います。
な おも

나레따또 오모이마스

익숙해졌다고 생각합니다.

ずいぶん慣れました。
な

즈이분 나레마시다

꽤 익숙해졌습니다.

まだまだです。

마다마다데스

아직입니다.

TIP

▶ まだまだ는 '아직'이라는 뜻을 가진 まだ를 연속적으로 사용하여 그 의미를 강조하는 단어입니다. 일상에서 자주 사용하는 표현이므로 표현입니다.

☑ 어두운 곳에서 눈이 익숙해졌다.

暗_{くら}いところで目_めが慣_なれてきた。

구라이 도꼬로데 메가 나레떼 끼따

☑ 물에 익숙해져서 헤엄칠 수 있게 되었다.

水_{みず}に慣_なれて泳_{およ}げるようになった。

미즈니 나레떼 오요게루요-니 낫따

☑ 곧 익숙해질 거예요.

すぐに慣_なれますよ。

스구니 나레마스요

☑ 드디어 학교 생활에 익숙해졌습니다.

ようやく学_{がっ}校_{こう}生_{せい}活_{かつ}に慣_なれました。

요-야꾸 갓꼬-세-까쯔니 나레마시다

단어

暗_{くら}い 어두운

目_め 눈

水_{みず} 물

泳_{およ}げる 수영할 수 있다

ようやく 드디어

▶慣_なれる는 어떤 상황이나 환경 등에 '익숙해지다'라는 뜻으로 사용됩니다. 그 대상은 사람이 될 수도 있으며 상황이 될 수 있습니다.

A : 스즈키 씨, 한국 생활은 익숙해졌습니까?

鈴木さん、韓国の生活に慣れましたか。

스즈끼상 간꼬꾸노 세-까쯔니 나레마시다까

B : 생각했던 것보다 빨리 익숙해졌습니다.

思ったより早く慣れました。

오못따요리 하야꾸 나레마시다

A : 환경이 바뀌면 힘들죠?

環境が変わると大変でしょう。

간쿄-가 가와루또 다이헨데쇼-

B : 여러분에게 도움받고 있습니다.

みんなに助けてもらっています。

민나니 다스께떼 모랏떼 이마스

A : 친구는 생겼습니까?

友達は出来ましたか。

도모다찌와 데끼마시다까

B : 네 드디어 친구들과도 친숙해졌습니다.

はい。やっと友達にも馴染んできました。

하이 얏또 도모다찌니모 나진데 키마시다

단어

生活 생활

思ったより 생각보다

環境 환경

変わる 바뀌다

助けてもらう 도움을 받다

馴染む 친숙한

ようやく와 やっと는 모두 '간신히' 또는 '겨우'라는 뜻입니다. 어떤 상황이 이루어지는 과정이 힘들었음을 강조하는 표현입니다.

181

週末は何をしますか。
しゅう まつ なに

슈-마쯔와 나니오 시마스까

'주말은 무엇을 하나요?'라는 뜻입니다. 상대방에게 주말 일정을 물어볼 때에 사용하는 표현입니다. 가까운 동료 사이에 친분을 쌓을 때에 사용되는 표현 중 하나입니다.

週末は一日中テレビを見ます。
しゅう まつ いち にち じゅう み

슈-마쯔와 이찌니찌쥬- 테레비오 미마스

주말은 하루 종일 티비를 봅니다.

自分だけの時間を過ごします。
じ ぶん じ かん す

지분다께노 지깐오 스고시마스

나만의 시간을 보냅니다.

図書館に行きます。
と しょ かん い

도쇼깐니 이끼마스

도서관에 갑니다.

TIP

▶ '(시간을) 보내다'는 過ごす라는 단어를 사용합니다. 이는 시간 중의 동작이나 행동을 표현하는 것이 아닌 시간의 흐름을 표현하는 것으로 관용적으로 사용된다는 것을 알아 두시기 바랍니다.

☑ 토요일과 일요일에는 무엇을 합니까?

土日は何をしますか。
<ruby>土<rt>ど</rt></ruby> <ruby>日<rt>にち</rt></ruby> <ruby>何<rt>なに</rt></ruby>

도니찌와 나니오 시마스까

☑ 자유롭게 보냅니다.

自由に過ごします。
<ruby>自<rt>じ</rt></ruby> <ruby>由<rt>ゆう</rt></ruby> <ruby>過<rt>す</rt></ruby>

지유-니 스고시마스

☑ 연인과 시간을 보냅니다.

恋人と時間を過ごします。
<ruby>恋<rt>こい</rt></ruby> <ruby>人<rt>びと</rt></ruby> <ruby>時<rt>じ</rt></ruby> <ruby>間<rt>かん</rt></ruby> <ruby>過<rt>す</rt></ruby>

고이비또또 지깐오 스고시마스

☑ 딱히 정해져 있지 않습니다.

特に決まっていません。
<ruby>特<rt>とく</rt></ruby> <ruby>決<rt>き</rt></ruby>

도꾸니 끼맛떼 이마셍

Part 06 일상

단어

<ruby>土日<rt>ど にち</rt></ruby> 토요일과 일요일

<ruby>自由に<rt>じ ゆう</rt></ruby> 자유롭게

<ruby>過ごす<rt>す</rt></ruby> (시간을) 보내다

<ruby>恋人<rt>こいびと</rt></ruby> 연인

▶일반적으로 사랑하는 '연인'을 말할 때에는 <ruby>恋人<rt>こいびと</rt></ruby>라고 표현하지만 보통 자신의 남자 친구 또는 연인을 말할 때에는 <ruby>彼<rt>かれ</rt></ruby>를 사용하며 타인의 남자 친구 또는 연인을 말할 때에는 <ruby>彼氏<rt>かれ し</rt></ruby>라고 씁니다.

A : 다나카 씨, 주말은 무엇을 하나요?

田中さん、週末は何をしますか。

다나까상 슈-마쯔와 나니오 시마스까

B : 거의 잡니다.

ほとんど寝ています。

호똔도 네떼 이마스

A : 외출하는 일은 없습니까?

出かけることはありませんか。

데까께루 고또와 아리마센까

B : 근처 슈퍼에서 장을 보는 정도예요.

近くのスーパーに買い物に行くくらいです。

찌까꾸노 스-파-니 가이모노니 이꾸구라이데스

A : 이번 주말에 같이 드라이브라도 하지 않을래요?

今度の週末、一緒にドライブでもしませんか。

곤도노 슈-마쯔 잇쇼니 도라이브데모 시마센까

B : 네 꼭 가고 싶습니다.

はい。ぜひ行きたいです。

하이 제히 이끼따이데스

寝る 잠을 자다

出かける 외출하다, 나가다

買い物 쇼핑

ドライブ 드라이브

ぜひ 꼭

土日는 한국어 표현방법과 마찬가지로 요일의 이름을 줄여서 함께 사용합니다.

184

運動していますか。
운도-시떼 이마스까

'운동하고 있습니까?'라는 뜻입니다. 상대방에게 여가 시간을 보내는 방법을 물어볼 때에 사용하는 표현 방법 중의 하나입니다. 친구, 동료, 새롭게 만난 사람 등과 친분을 쌓기 위해 필요한 대화 중 하나입니다.

ほとんど毎日運動しています。 거의 매일 운동하고 있습니다.
호똔도 마이니찌 운도-시떼 이마스

気が向いたらする方です。 기분이 내키면 하는 편입니다.
기가 무이따라스루 호-데스

運動は苦手です。 운동은 질색입니다.
운도-와 니가떼데스

Part 06 일상

TIP

▶気が向いたら는 지금은 마음이 없지만 나중에 '마음이 내키면'이라는 의미입니다. 가볍게 부정적인 의사를 표시하는 뜻으로 사용됩니다.

☑ 거의 매일 헬스장에 다닙니다.

ほとんど毎日ジムに通っていま
す。

호똔도 마이니찌 지무니 가욧떼 이마스

☑ 기분이 내키면 권유해 주세요.

気が向いたら誘ってください。

기가 무이따라 사솟떼 구다사이

☑ 즐겁게 운동하는 편입니다.

楽しく運動する方です。

다노시꾸 운도-스루 호-데스

☑ 몸을 움직이는 것은 질색입니다.

体を動かすのは苦手です。

가라다오 우고까스노와 니가떼데스

단어

ジム 체육관, 헬스장

通う 통근하다, 다니다

気が向いたら 마음이
내키면

誘う 권유하다

運動 운동

動かす 움직이다

苦手 질색, 달가워하
지 않음

▶苦手는 어떤 대상이나 취향 등이 맞지 않을 경우에
사용합니다. 주로 회화에서 관용적으로 자주 사용되는
표현이므로 표현 방법을 잘 익혀서 사용해 보시기 바랍
니다.

A : 야마다 씨는 운동하고 있습니까?

山田さんは運動していますか。

야마다상와 운도-시떼 이마스까

B : 운동이라고 해도 가벼운 조깅 정도입니다.

運動と言っても軽いジョギング程度
です。

운도-또 잇떼모 가루이 죠깅구테-도데스

A : 대단하네요.

すごいですね。

스고이데스네

B : 스즈키 씨는 어떤 운동을 합니까?

鈴木さんはどんな運動するんです
か。

스즈끼상와 돈나 운도-스룬데스까

A : 최근에 운동을 안 해서 몸이 굳어 버렸어요.

最近運動していないので体がなまっ
ています。

사이낀 운도-시떼 이나이노데 가라다가 나맛떼 이마스

B : 그러면 저와 같이 조깅합시다.

じゃあ私と一緒にジョギングしましょ
う。

쟈- 와따시또 잇쇼니 죠깅구시마쇼-

단어

軽い 가벼운

ジョギング 조깅

程度 정도

なまる 무뎌지다, 굳어
지다

すごい는 '대단하다' 또는 '굉장하다'라는 뜻으로 사용되는 감탄
표현입니다. 참고로 젊은이들은 すげえ라고 말합니다.

ペットを飼っていますか。

펫또오 캇떼 이마스까

'애완동물을 키우고 있나요?'라는 뜻입니다. 상대방에게 애완동물을 기르는 지를 물어볼 때에 사용하는 표현입니다. 가까운 동료 사이에 친분을 쌓을 때에 사용되는 표현 중 하나입니다.

家には猫がいます。

우찌니와 네꼬가 이마스

집에는 고양이가 있습니다.

熱帯魚を飼っています。

넷따이교오 갓떼 이마스

열대어를 키우고 있습니다.

私は動物アレルギーでペットを飼えません。

와따시와 도-부쯔아레르기-데 펫또오 가에마센

저는 동물 알레르기로 애완동물을 못 키웁니다.

TIP

▶일본어를 배우는 외국인들이 가장 혼란스러워하는 부분이 동일한 발음이지만 한 자에 따라 의미가 다른 말이 많은 것입니다. 예를 들어 ペットを買う와 ペットを飼う는 발음은 같지만 '애완동물을 사다'와 '애완동물을 기르다'라는 뜻의 차이가 있으므로 일본어를 공부하실 때에는 한자도 함께 익혀 두셔야 합니다.

☑ 집에는 개가 한 마리, 고양이가 세 마리 있습니다.

家には犬が1匹、猫が3匹います。

うち　　いぬ　びき　ねこ　びき

우찌니와 이누가 잇삐끼, 네꼬가 산비끼이마스

☑ 오랫동안 금붕어를 키우고 있습니다.

長い間金魚を飼っています。

なが　あいだ きん ぎょ　か

나가이 아이다 긴교오 갓떼 이마스

☑ 최근 애완동물을 키우는 게임이 있습니다.

最近ペットを育てるゲームがあります。

さい きん　　　　　そだ

사이낀 펫또오 소다떼루 게-무가 아리마스

☑ 저는 동물 알레르기 반응이 올라옵니다.

私は動物アレルギー反応を起こします。

わたし　どう ぶつ　　　　　　はん のう　お

와따시와 도-부쯔아레르기한노-오 오꼬시마스

단어

猫 고양이
ねこ

金魚 금붕어
きん ぎょ

ペット 애완동물

育てる 기르다, 키우다
そだ

動物 동물
どう ぶつ

アレルギー 알레르기

反応 반응
はん のう

▶家는 いえ 또는 うち로 발음합니다. いえ의 경우에는 건물 자체나 가계(家系)를 말할 때에 사용하며 いえ는 가족이나 가정을 말하며 '나'를 가리키는 경우에도 사용됩니다.

189

A : 스즈키 씨, 애완동물을 키우고 있나요?

鈴木さん、ペットを飼っていますか。

스즈끼상 펫또오 캇떼 이마스까

B : 네, 개가 두 마리 있습니다.

はい。犬が2匹います。

하이 이누가 니히끼이마스

A : 개 종류는 뭔가요?

犬の種類は何ですか。

이누노 슈루이와 난데스까

B : 말티즈입니다.

マルチーズです。

마르치-즈데스

A : 귀엽겠네요.

かわいいでしょうね。

가와이-데쇼-네

B : 우리 집 개는 가족과도 같아요.

家の犬は家族同然です。

우찌노 이누와 가조꾸도-젠데스

단어

犬 개, 강아지

種類 종류

マルチーズ 말티즈

かわいい 귀여운, 사랑
스러운

家族同然 가족과 같은

일본어에서는 수량을 세는 명사가 앞의 수에 따라서 발음이 다른
사례가 있습니다. 예문처럼 동물 두 마리일 때 2匹가 한 마리일
때 1匹로 달라집니다.

190

困ったことはないですか。
こま

고맛따 고또와 나이데스까

'곤란한 일은 없나요?'라는 뜻입니다. 상대방에게 일상생활이나 업무 등에서 불편하거나 곤란한 점은 없는지 물어볼 때에 사용하는 표현입니다.

一から十までわからないこと
いち　　じゅう
ばかりです。

이찌까라 쥬-마데 와까라나이 고또바까리데스

하나부터 열까지 모르는 것 투성이입니다.

方向音痴でよく行き先を間違
ほう こう おん ち　　　ゆ さき　　ま ちが
えます。

호-꼬-온찌데 요꾸 유끼사끼오 마찌가에마스

길치라서 자주 갈 길을 틀립니다.

困ったときは周りの人にすぐ尋
こま　　　　　まわ　　ひと　　　　たず
ねるようにしています。

고맛따 도끼와 마와리노 히또니 스구 다즈네루요-니 시떼 이마스

곤란할 때는 주변 사람들에게 바로 물어보도록 하고 있습니다.

Part 06 일상

TIP

▶공간이나 시간의 시작과 끝의 범위를 나타내는 표현은 ~から ...まで입니다. 시작의 시간이나 장소에 ~から를 써서 '~부터'라는 의미로 사용하며 종료되는 시간이나 장소에 ...まで를 써서 '...까지'라는 뜻으로 사용할 수 있습니다.

☑ 고민하고 있지 않습니까?

悩んでいませんか。

나얀데이마센까

☑ 갈 길을 틀리지 않도록 앱으로 검색해서 갑니다.

行き先を間違わないようにアプリ
で検索して行きます。

이끼사끼오 마찌가와나이요-니 아뿌리데 겐사꾸시떼 이끼마스

☑ 곤란할 때는 얘기해 주세요.

困ったときは話してください。

고맛따 도끼와 하나시떼 구다사이

☑ 사람에게 물어보면 친절하게 알려 줍니다.

人に尋ねると親切に教えてくれま
す。

히또니 다즈네루또 신세쯔니 오시에떼 꾸레마스

단어

悩む 고민하다

間違える 틀리다

アプリ 어플, 앱

検索 검색

尋ねる 물어보다

親切に 친절하게

▶앞에서도 몇 차례 설명한 것처럼 일본어는 외래를 줄여서 표현하는 경향이 많습니다. 최근 스마트폰이나 멀티미디어 기기에서 사용되는 '어플리케이션(アプリケーション)'은 アプリ로 줄여서 표현합니다.

A : 다나카 씨, 한국에서 생활도 일 년이 되네요.

田中さん、韓国での生活も一年になりますね。

다나까상 간꼬꾸데노 세-까쯔모 이찌넨니 나리마스네

B : 네. 순식간에 일 년 지났습니다.

はい。あっという間に一年経ちました。

하이 앗또유-마니 이찌넨 다찌마시다

A : 어떤 곤란한 일은 없습니까?

何か困ったことはないですか。

나니까 고맛따 고또와 나이데스까

B : 곧 집 계약이 끝나서 이사 가지 않으면 안 돼요.

もうすぐ家の契約が切れるので引っ越さないといけません。

모-스구 이에노 게-야꾸가 기레루노데 힛꼬사나이또 이께마센

A : 같이 부동산을 방문해 볼래요?

一緒に不動産を訪ねてみますか。

잇쇼니 후도-산오 타즈네떼 미마스까

B : 꼭 같이 가 주세요.

ぜひ一緒に行ってください。

제히 잇쇼니 잇떼 구다사이

あっという間に 순식간에, 눈깜짝할 사이에

経つ (시간) 경과하다

契約 계약

切れる 끊어지다, 종료되다

不動産 부동산

訪ねる 방문하다

音痴는 '음치'라는 뜻이지만 어떤 능력과 관련된 단어와 함께 사용하여 그 능력이 모자람을 표현합니다. 方向音痴도 '방향'과 '음치'를 함께 사용하여 방향감각이 부족함을 표현하는 것입니다.

相談に乗りましょうか。
そう だん の

소-단니 노리마쇼-까

'상담해 드릴까요?'라는 뜻입니다. 상대방에게 일상생활이나 업무 등에서
불편하거나 곤란한 점에 대해서 상담이 필요한지 물어볼 때에 사용하는 표현
입니다.

ぜひ相談に乗ってください。
そう だん の

제히 소-단니 놋떼 구다사이

부디 상담을 해 주세요.

何とか一人で解決してみます。
なん ひとり かいけつ

난또까 히또리데 가이께쯔시떼 미마스

어떻게 하든지 혼자서 해결해
보겠습니다.

ありがとうございます。それに
は及びません。
およ

아리가또-고자이마스 소레니와 오요비마센

고맙습니다. 그 정도는 못 됩
니다.

TIP

▶위의 예문에서 나타나는 何とか는 '어떻게 하든지'라는 뜻으로 어떤 방법이나
なん
수단을 활용하여 결과를 만들어 내는 상황을 표현합니다.

☑ 상담해도 되겠습니까?

相談してもいいですか。

소-단시떼모 이-데스까

☑ 상담해 줄게요.

相談に乗ってあげますよ。

소-단니 놋떼 아게마스요

☑ 상담해 줄 수 있나요?

相談に乗ってもらえますか。

소-단니 놋떼 모라에마스까

☑ 상담을 받았습니다.

相談を受けました。

소-단오 우께마시다

단어

相談に乗る 상담하다

相談を受ける 상담받다

▶~てあげますよ는 상대방에게 어떤 행동을 해 주겠다는 것을 표현하는 방법입니다. 그 뜻은 '~해 줄게'입니다.

A : 스즈키 씨, 기운 없어 보이네요.

鈴木さん、元気がないですね。

스즈끼상 겡끼가 나이데스네

B : 어제 업무에서 실수했습니다.

昨日、仕事でミスしたんです。

기노- 시고또데 미스시딴데스

A : 상담해 줄까요?

相談に乗りましょうか。

소-단니 노리마쇼-까

B : 이번 건은 잘 넘어갔습니다.

今回の件は上手く乗り越えました。

곤까이노 껜와 우마꾸 노리코에마시다

A : 저라도 괜찮으면 언제든지 상담해 주세요.

私でよかったら、いつでも相談してく
ださいね。

와따시데 요깟따라 이쯔데모 소-단시떼 구다사이네

B : 네, 고맙습니다.

はい。ありがとうございます。

하이 아리가또-고자이마스

元気がない 기운이 없
는

ミスする 실수하다

件 건, 일

上手く 잘, 훌륭하게

乗り越える 넘어가다

うまく~는 어떤 행동이나 능력이 생각만큼 잘되었을 때 사용하는
표현입니다. うまい는 한자로 쓸 때 上手い는 '잘한다'는 능력을
표시하고 美味い는 '맛있다' 또는 '잘한다'로도 사용합니다.

最寄り駅はどこですか。

모요리에끼와 도꼬데스까

'근처 역은 어디인가요?'라는 뜻입니다. 길을 찾거나 장소를 정하는 경우에
'가장 가까운 역'을 물어볼 때 사용할 수 있는 표현입니다.

我が家の最寄り駅は池袋駅です。

와가야노 모요리에끼와 이께부꾸로에끼데스

저희 집 근처 역은 이케부쿠로
역입니다.

会社からは新宿駅が近いです。

가이샤까라와 신쥬꾸에끼가 찌까이데스

회사에서는 신주쿠역이 가깝
습니다.

家から最寄り駅まではバスで10分ほどかかります。

우찌까라 모요리에끼마데와 바스데 쥿뿐호도 가까
리마스

집에서 근처 역까지는 버스로
10분정도 걸립니다.

TIP

▶最寄りは '거리상으로 가장 가까운' 대상을 가리킬 때에 사용되는 표현으로 공
간적인 거리가 가까움을 말합니다. 最寄리와 장소를 나타내는 명사가 함께 사용
됩니다.

Part 06 일상

☑ 자택에서 가장 가까운 역은 어디입니까?

自宅から一番近い駅はどこですか。

지타꾸까라 이찌방 찌까이에끼와 도꼬데스까

☑ 근처 역까지는 걸어서 5분입니다.

最寄り駅までは歩いて5分です。

모요리에끼마데와 아루이떼 고훈데스

☑ 근처 역을 알려 주세요.

最寄り駅を教えてください。

모요리에끼오 오시에떼 구다사이

☑ 근처 역에서 택시를 타고 와 주세요.

最寄り駅からタクシーに乗って来てください。

모요리에끼까라 타꾸시-니 놋떼 끼떼 구다사이

▶歩いて5分은 '걸어서 5분(거리)'입니다. 회화에서 상대방에게 거리의 정도를 표현할 때에 자주 사용되는 표현입니다.

A : 여보세요? 야마다 씨, 저 길을 잃어버렸어요.

もしもし山田さん。私、道に迷ってし
まって。

모시모시 야마다상 와따시 미찌니 마욧떼 시맛떼

B : 스즈키 씨, 지금 어디신가요?

鈴木さん、今どちらですか。

스즈끼상 이마 도찌라데스까

A : 근처까지 왔다고 생각합니다만.

近くまで来ていると思うのですが。

찌까꾸마데 끼떼 이루또 오모우노데스가

B : 근처 역은 어디인가요?

最寄り駅はどこですか。

모요리에끼와 도꼬데스까

A : 하라쥬쿠역입니다.

原宿駅です。

하라쥬꾸에끼데스

B : 거기서부터 요요기 공원 방향으로 걸어서 오세요.

そこから代々木公園の方向に歩い
て来てください。

소꼬까라 요요기고-엔노 호-꼬-니 아루이떼 끼떼 구다사이

단어

もしもし (전화) 여보세
요

道に迷う 길을 헤매다

方向 방향

~に迷う는 '~헤매다' 또는 '~방향을 잃다'라는 의미입니다. 한
국어 표현과는 달리 ~に가 쓰입니다.

★ 051 무엇을 하고 있습니까?
何を<ruby>なに</ruby>していますか。
나니오 시떼 이마스까

★ 052 취미가 무엇입니까?
<ruby>趣味</ruby>は<ruby>何</ruby>ですか。
슈미와 난데스까

★ 053 최근 무엇인가에 빠져 있나요?
<ruby>最近</ruby>何かにハマっていますか。
사이낀 나니까니 하맛떼 이마스까

★ 054 생활이 익숙해졌습니까?
<ruby>生活</ruby>に<ruby>慣</ruby>れましたか。
세-까쯔니 나레마시다까

★ 055 주말은 무엇을 하나요?
<ruby>週末</ruby>は<ruby>何</ruby>をしますか。
슈-마쯔와 나니오 시마스까

★ 056 운동하고 있습니까?
<ruby>運動</ruby>していますか。
운도-시떼 이마스까

★ 057 애완동물을 키우고 있나요?
ペットを<ruby>飼</ruby>っていますか。
펫또오 캇떼 이마스까

★ 058 곤란한 일은 없나요?
<ruby>困</ruby>ったことはないですか。
고맛따 고또와 나이데스까

★ 059 상담해 드릴까요?
<ruby>相談</ruby>に<ruby>乗</ruby>りましょうか。
소-단니 노리마쇼-까

★ 060 근처 역은 어디인가요?
<ruby>最寄</ruby>り<ruby>駅</ruby>はどこですか。
모요리에끼와 도꼬데스까

Part 07 음식

辛いのは大丈夫ですか。
가라이노와 다이죠-부데스까

'매운 것은 괜찮습니까?'라는 뜻입니다. 식사를 초대하거나 식사를 주문하는
상황 등에서 상대방에게 음식 취향을 물어볼 때 사용하는 표현입니다.

全然平気です。

젠젠 헤-끼데스

전혀 괜찮아요.

食べれるようになりました。

다베레루요-니 나리마시다

먹을 수 있게 되었습니다.

**私は辛いのを食べるとお腹を
壊します。**

와따시와 가라이노오 다베루또 오나까오 고와시마스

저는 매운 걸 먹으면 배가 아
픕니다.

TIP

▶형용사에 ~の를 붙여 사용하면 형용사의 명사형이 됩니다. 위의 예문에서 나타
나는 辛いのは 辛い와 ~の를 함께 사용하여 '매운 것'이라는 뜻이 됩니다.

☑ 매운 것 먹어도 괜찮나요?

辛いの食べても平気ですか。

가라이노 다베떼모 헤-끼데스까

☑ 매운 것 엄청 좋아해요.

辛いの大好きです。

가라이노 다이스끼데스

☑ 매운 것 먹으면 땀을 흘립니다.

辛いの食べると汗をかきます。

가라이노 다베루또 아세오 가끼마스

☑ 매운 것은 질색입니다.

辛いのは苦手です。

가라이노와 니가떼데스

단어

辛い 매운

平気 괜찮음

汗をかく 땀을 흘리다

▶平気는 특별한 이상이 없이 '괜찮다'는 표현 방법입니다. 大丈夫와 비슷한 의미로 사용됩니다.

A : 오늘은 떡볶이를 먹었습니다.

今日はトッポッキを食べました。

쿄-와 똑뽀끼오 다베마시다

B : 다나카 씨, 매운 것은 괜찮아요?

田中さん、辛いのは大丈夫ですか。

다나까상 가라이노와 다이죠-부데스까

A : 처음에는 못 먹었었지만 지금은 괜찮아요.

初めは食べれなかったのですが、
今は大丈夫です。

하지메와 다베레나깟따노데스가 이마와 다이죠-부데스

B : 일본에도 매운 음식이 있나요?

日本にも辛い食べ物がありますか。

니혼니모 가라이 다베모노가 아리마스까

A : 네, 매운 것을 좋아하는 사람도 꽤 있습니다.

はい。辛いの好きな人も結構います
よ。

하이 가라이노 스끼나 히또모 겟꼬- 이마스요

B : 실은 저도 매우 좋아해요.

実は私も大好きです。

지쯔와 와따시모 다이스끼데스

トッポッキ 떡볶이

結構 결국, 상당히

大好きは '매우 좋아한다'라는 뜻입니다. 이는 '크다'라는 大와 '좋아하다'라는 好き를 함께 사용하여 강조하는 표현입니다.

お勧めの店がありますか。

オススメノ 미세가 아리마스까

'추천하는 가게가 있습니까?'라는 뜻입니다. 새로운 지역이나 익숙하지 않은 곳 등에서 상대방에게 식당이나 가게 등의 추천 등을 부탁할 때에 사용하는 표현입니다.

ありますよ。私に任せてください。

아리마스요 와따시니 마까세떼 구다사이

있습니다. 저에게 맡겨 주세요.

先週田中さんと行った所がお勧めです。

센슈- 다나까상또 잇따 도꼬로가 오스스메데스

저번 주 다나카 씨랑 갔었던 곳을 추천합니다.

お勧めの店は並びますよ。

오스스메노 미세와 나라비마스요

추천하는 가게는 줄 서요.

TIP

▶일본의 식당이나 가게 등에서 お勧め라고 표시된 간판이나 메뉴를 자주 볼 수 있습니다. 이는 '추천 메뉴'나 '추천 상품' 등을 표시하는 것입니다.

☑ 추천하는 가게에 데려가 주세요.

お勧めの店に連れて行ってください。

오스스메노 미세니 쯔레떼 잇떼 구다사이

☑ 근처의 중화요리점을 추천합니다.

近所の中華料理屋がお勧めです。

긴죠노 츄-까료-리야가 오스스메데스

☑ 제가 추천하는 가게를 소개하겠습니다.

私のお勧めの店を紹介します。

와따시노 오스스메노 미세오 쇼-까이시마스

☑ 추천하는 가게는 언제나 대기자가 많습니다.

お勧めの店はいつも行列ができます。

오스스메노 미세와 이쯔모 교-레쯔가 데끼마스

▶ 어떤 지역이나 장소 등의 '근처'라는 뜻으로 近所가 사용됩니다. 관용적으로 近く도 동일하게 '근처' 또는 '주변'이라는 뜻으로 사용됩니다.

단어

近所 근처, 부근

中華料理屋 중화요리점

A : 슬슬 점심을 먹을까요?

そろそろお昼にしましょう。

소로소로 오히루니 시마쇼-

B : 스즈키 씨, 추천하는 가게가 있습니까?

鈴木さん、お勧めの店がありますか。

스즈끼상 오스스메노 미세가 아리마스까

A : 저번 주 제가 먹었던 소고기덮밥 가게를 추천합니다.

先週私が食べた牛丼屋さんがお勧めです。

센슈- 와따시가 다베따 규-동야상가 오스스메데스

B : 소고기덮밥 저도 꼭 먹어 보고 싶습니다.

牛丼、私もぜひ食べてみたいです。

규-동, 와따시모 제히 다베떼 미따이데스

A : 언제나 사람이 많아서 줄을 서지 않으면 안 됩니다.

いつも人が多くて並ばないといけないですよ。

이쯔모 히또가 오-꾸떼 나라바나이또 이께나이데스요

B : 인기 있는 가게이군요.

人気のお店なんですね。

닌끼노 오미세난데스네

단어

そろそろ 슬슬, 시간이 다 되어가는 모양

お昼 낮, 점심

お勧め 추천

牛丼 소고기덮밥

人気 인기

~屋さん은 '~를 파는 가게'입니다. 가게의 주요 판매 품목과 함께 사용하는 것으로 '소고기덮밥 가게'는 牛丼屋さん라고 합니다.

207

何が食べたいですか。

なに た

나니가 다베따이데스까

'무엇을 먹고 싶습니까?'라는 뜻입니다. 식사를 초대하거나 식사를 주문하는 상황 등에서 상대방에게 원하는 음식의 메뉴를 물어볼 때 사용하는 표현입니다.

今日はパスタが食べたいです。 오늘은 파스타를 먹고 싶습니다.

きょう た

쿄-와 파스타가 다베따이데스

栄養のあるものが食べたいです。 영양가가 있는 음식을 먹고 싶습니다.

えい よう た

에이요-노 아루모노가 다베따이데스

今お腹がすいているので何でも食べたいです。 지금 배가 고파서 아무거나 먹고 싶습니다.

いま なか なん た

이마 오나까가 스이떼 이루노데 난데모 다베따이데스

TIP

▶ 栄養のあるは '영양이 있는'이라는 뜻입니다. 한국어의 표현방법과는 달리 조사 ~の가 사용된다는 것을 알아 두시기 바랍니다. 조사의 활용이 틀리기 쉬운 표현이니 유의하세요.

えいよう

☑ 오늘은 양식을 먹고 싶습니다.

今日は洋食が食べたいです。

코-와 요-쇼꾸가 다베따이데스

☑ 몸에 좋은 음식을 먹고 싶습니다.

体にいいものが食べたいです。

가라다니 이-모노가 다베따이데스

☑ 저는 영양의 밸런스를 생각해서 먹습니다.

私は栄養のバランスを考えて食べます。

와따시와 에이요-노 바란스오 강가에떼 다베마스

☑ 뭘 먹고 싶은지 모르겠습니다.

何が食べたいのかわかりません。

나니가 다베타이노까 와까리마셍

단어

洋食 양식

体 몸, 신체

栄養 영양

バランス 밸런스

▶일반적으로 사람의 '몸'을 말할 때에는 体라는 단어를 사용합니다. 다른 표현으로 身体라는 단어도 사용하지만 주로 体가 더욱 자주 사용됨을 알아 두시기 바랍니다.

A : 오늘 점심에 뭘 먹고 싶습니까?

今日のお昼は何が食べたいですか。

쿄-노 오히루와 나니가 다베따이데스까

B : 오늘은 정식을 먹고 싶습니다.

今日は定食が食べたいです。

쿄-와 테-쇼꾸가 다베따이데스

A : 그럼 히가와리 정식을 먹으러 갑시다.

それじゃ日替わり定食を食べに行き
ましょう。

소레쟈 히가와리 테-쇼꾸오 다베니 이끼마쇼-

B : 히가와리 정식이 뭔가요?

日替わり定食って何ですか。

히가와리 테-쇼꿋떼 난데스까

A : 매일 다른 정식이 나와요.

毎日違う定食が出てくるんです。

마이니찌 찌가우 테-쇼꾸가 데떼꾸레룬데스

B : 좋네요. 그걸로 해요.

いいですね。それにします。

이-데스네 소레니 시마스

定食 정식

日替わり 매일 바뀌는

違う 다른

出る 나오다

일본 식당에서 흔히 볼 수 있는 日替わり定食는 매일 메뉴를 바꾸어서 특가로 판매하는 음식으로 한국어로는 '오늘의 정식'으로 표현할 수 있습니다.

得意な料理は何ですか。
とく い りょう り なん

토꾸이나 료-리와 난데스까

'잘하는 요리가 뭔가요?'라는 뜻입니다. 상대방에게 즐겨하거나 잘하는 요리를 물어볼 때에 사용하는 표현입니다. 새롭게 만난 사람 등과 친분을 쌓기 위해 필요한 대화 중 하나입니다.

私の得意な料理は唐揚げです。
わたし とく い りょう り から あ

와따시노 토꾸이나 료-리와 가라아게데스

제가 잘하는 요리는 튀김입니다.

得意ではないんですけどピラフをよく作ります。
とく い つく

토꾸이데와 나인데스께도 피라흐오 요꾸 쯔꾸리마스

잘하진 못하지만 필라프를 자주 만듭니다.

料理は得意ではありません。
りょう り とく い

료-리와 토꾸이데와 아리마센

요리는 잘 못합니다.

TIP

▶ 得意는 어떤 기술이나 능력이 숙련된 '특기' 또는 '매우 잘하는 것'을 뜻합니다. 일본어의 관용적인 표현이므로 표현 방법을 잘 익혀서 상황에 맞도록 잘 사용해 보시기 바랍니다.

☑ 요리는 잘합니까?
料理は得意ですか。

료-리와 토꾸이데스까

☑ 제가 잘하는 요리는 고기 요리입니다.
私の得意な料理は肉料理です。

와따시노 토꾸이나 료-리와 니꾸료-리데스

☑ 잘한다고 말할 수 있을 정도로 잘하진 않습니다.
得意だと言えるほど上手ではありません。

토꾸이다또 이에루호도 죠-즈데와 아리마센

☑ 잘한다기보단 요리를 만드는 것을 좋아합니다.
得意というより料理を作るのが好きです。

토꾸이또이우요리 료-리오 쯔꾸루노가 스끼데스

단어

得意 능숙, 잘함

肉料理 고기요리

作る 만들다

▶ 어떤 것을 '잘한다' 또는 '능숙하다'는 上手라고 합니다. 반대의 뜻을 가진 단어는 下手입니다.

212

A : 야마모토 씨가 잘하는 요리는 무엇입니까?

山本さんの得意な料理は何ですか。

야마모또상노 토꾸이나 료-리와 난데스까

B : 자주 만드는 것은 조림 요리입니다.

よく作るのは煮物です。

요꾸 쯔꾸루노와 니모노데스

A : 일본 요리는 어떤 것이든 만들 수 있습니까?

日本料理は何でも作れますか。

니혼료-리와 난데모 쯔꾸레마스까

B : 그러네요. 가끔 한국 요리도 만듭니다.

そうですね。時々韓国料理も作ります。

소-데스네 도끼도끼 간꼬꾸료-리모 쯔꾸리마스

A : 예를 들면 어떤 요리입니까?

例えばどんな料理ですか。

타또에바 돈나 료-리데스까

B : 한국 요리에서 자주 만드는 것은 김치찌개입니다.

韓国料理でよく作るのはキムチチゲです。

간꼬꾸 료-리데 요꾸 쯔꾸루노와 키무치치게데스

단어

煮物 조림

例えば 예를 들어

キムチ 김치

チゲ 찌개

例えば는 '예를 들어'라는 뜻입니다. 구체적인 사례 등을 말할 때에 자주 사용하는 표현입니다.

日本料理で何が一番 好きですか。

にほん　りょうり　なに　いちばん

니혼료-리데 나니가 이찌방 스끼데스까

'일본 요리 중에 무엇을 가장 좋아합니까?'라는 뜻입니다. 상대방에게 일본 음식 중에서 가장 좋아하는 음식을 물어볼 때에 사용하는 표현입니다. 주위의 지인들과 친분을 쌓기 위해 필요한 대화 중의 하나입니다.

一番は寿司ですかね。

いちばん　すし

이찌방와 스시데스까네

제일은 초밥이려나요.

やっぱり日本は丼物でしょう。

にほん　どんぶりもの

얏빠리 니혼와 돈부리모노데쇼-

역시 일본은 덮밥이죠.

一つ選ぶのは難しいですね。

ひと　えら　むずか

히또쯔 에라부노와 무즈까시-데스네

한 개 고르는 것은 어렵네요.

TIP

▶일본의 음식 중 丼物는 덮밥 종류 전체를 일컫는 말입니다. 丼는 덮밥을 담는 그릇을 부르는 말이었으나 덮밥의 재료 등과 함께 관용적으로 사용하게 되었습니다.

☑ 제일 좋아하는 일본 요리는 무엇입니까?

一番好きな日本料理は何ですか。

이찌방 스끼나 니혼료-리와 난데스까

☑ 좋아하는 일본 요리를 하나만 예를 들어 주세요.

好きな日本料理を一つ挙げてください。

스끼나 니혼료-리오 히또쯔 아게떼 구다사이

☑ 한국 요리에서 가장 좋아하는 것은 무엇입니까?

韓国料理で一番好きなのは何ですか。

간꼬꾸료-리데 이찌방 스끼나노와 난데스까

☑ 제일을 고르는 것은 어렵습니다.

一番を選ぶのは難しいです。

이찌방오 에라부노와 무즈까시-데스

▶挙げる는 '팔을 들다', '예를 들다' 또는 '행사를 진행하다'라는 뜻입니다. 위의 예문에서 사용된 것처럼 '사례를 들다'라는 표현 방법은 자주 사용되므로 잘 익혀 두시기 바랍니다.

단어

挙げる 들다

選ぶ 고르다, 선택하다

A : 야마다 씨는 일본 요리에서 뭘 제일 좋아합니까?

山田さんは日本料理で何が一番好きですか。

야마다상와 니혼료―리데 나니가 이찌방 스끼데스까

B : 제일이요? 어렵네요.

一番ですか。難しいですね。

이찌방데스까 무즈까시―데스네

A : 전 일본 여관서 먹었던 카이세키요리를 잊지 못 해요.

私は日本の旅館で食べた会席料理が忘れられません。

와따시와 니혼노 료깐데 다베따 가이세끼료―리가 와스레라레마센

B : 연회음식 맛있었죠?

会席料理、おいしかったでしょう。

가이세끼료―리 오이시깟따데쇼―

A : 풀코스가 나와서 매우 만족했습니다.

フルコースが出てとても満足でした。

후루코―스가 데떼 도떼모 만조꾸데시다

B : 사계절마다의 식재료를 사용해서 정말 맛있죠.

四季折々の食材を使ってとてもおいしいですよね。

시끼오리오리노 쇼꾸자이오 쯔깟떼 도떼모 오이시―데스요네

단어

旅館 여관

忘る 잊다, 잊어버리다

会席料理 연회음식

フルコース 풀코스

四季 사계절

食材 식재료

会席料理는 '연회음식'이라는 뜻으로 특별한 연회 또는 온천이나 관광지 등에서 고급스럽게 준비된 일본의 정식 요리입니다. 본래 다도와 관련하여 다과회에서 주인이 손님에게 대접하는 요리로, 선사의 오래된 습관인 가이세키에서 그 이름이 유래되었습니다.

お口に合いますか。

くち　あ

오꾸찌니 아이마스까

'입맛에 맞습니까?'라는 뜻입니다. 상대방에게 음식이 입에 맞는지를 물어 보는 표현입니다.

はい。とてもおいしいです。
하이 도떼모 오이시-데스

네, 매우 맛있습니다.

この料理なかなかいけますね。
りょう　り

고노 료-리 나까나까 이께마스네

이 요리 꽤 괜찮네요.

私の口にはちょっと物足りない
わたし　くち　　　　　　もの　た

気がします。
き

와따시노 구찌니와 춋또 모노타리나이 기가시마스

저의 입맛에는 조금 모자란
느낌이 듭니다.

TIP

▶ 口に合う는 한국어의 관용적인 표현과도 동일하게 '입맛에 맞다'는 의미로 사
くち　あ
용됩니다. 이때 사용되는 한자에 유의하시기 바랍니다.

☑ 제가 좋아하는 맛입니다.

私好みの味です。

와따시고노미노 아지데스

☑ 좋아하는 맛입니까?

お好みの味ですか。

오꼬노미노 아지데스까

☑ 입에 맞으면 됩니다만.

お口に合えばいいのですが。

오꾸찌니 아에바 이-노데스가

☑ 그저 그러네요.

イマイチですね。

이마이찌데스네

단어

好み 취향

口に合う 입맛에 맞다

イマイチ 그럭저럭, 신
통치 않은

▶好みは 어떤 좋아하는 취향을 말할 때 사용하는 표현
입니다. 대상이 사물이든 사람이든 사용 가능합니다.

A : 스즈키 씨 낫또를 좋아합니까?

鈴木さん、納豆は好きですか。

스즈끼상 낫또-와 스끼데스까

B : 냄새가 별로여서 먹어본 적이 없습니다.

匂いがダメで食べたことがありません。

니오이가 다메데 다베따 고또가 아리마센

A : 낫또는 무척 몸에 좋습니다. 여기요.

納豆はとても体にいいですよ。どうぞ。

낫또-와 도떼모 가라다니 이-데스요 도-조

B : 그렇다면 먹어 보겠습니다.

それじゃあ食べてみます。

소레쟈- 다베떼 미마스

A : 입맛에 맞습니까?

お口に合いますか。

오꾸찌니 아이마스까

B : 의외로 먹을 수 있을지도…

意外と食べれるかも…

이가이또 다베레루까모

納豆 낫또, 일본식 청국장

匂い 냄새

ダメ 불가능, 효과 없음

意外 의외

~がダメ는 어떤 것이 불가능하거나 소용없음을 표현합니다. ダメ는 駄目라는 한자 또는 히라가나로만 표기하기도 하지만 예능 방송프로그램이나 젊은이들은 카타카나로 표기하기도 합니다.

麺類は好きですか。
めん るい　　す

멘루이와 스끼데스까

'면류는 좋아하나요?'라는 뜻입니다. 상대방에게 음식 중에서 면류를 좋아하는지 물어볼 때에 사용하는 표현입니다. 상대방의 기호에 대해 질문하는 대화 중의 하나입니다.

麺類は何でも好きです。
めん るい　なん　　　す

멘루이와 난데모 스끼데스

면류는 어떤 것이든 좋아합니다.

私は一日三食、麺でも大丈夫です。
わたし　いち にち さん しょく　めん　　　だい じょう ぶ

와따시와 이찌니찌 산쇼꾸 멘데모 다이죠-부데스

저는 하루 세끼 면이여도 괜찮습니다.

麺よりご飯が好きです。
めん　　　　はん　　す

멘요리 고항가 스끼데스

면보다 밥이 좋습니다.

TIP

▶ ~が好きです는 '~을 좋아합니다'라는 뜻으로 사용하는 표현입니다. 좋아하는 대상을 나타내는 말에 조사 ~가가 사용된다는 것을 알아 두세요.

☑ 면류를 자주 먹습니다.

麺類をよく食べます。

멘루이오 요꾸 다베마스

☑ 수타면이 맛있습니다.

手打ち麺がおいしいです。

테우찌멘가 오이시-데스

☑ 면은 목 넘김으로 결정됩니다.

麺はのど越しで決まります。

멘와 노도고시데 끼마리마스

☑ 저는 면보다 밥 쪽입니다.

私は麺よりご飯党です。

와따시와 멘요리 고항토-데스

단어

麺類 면류

手打ち麺 수타면

のど越し 목 넘김

決まる 결정하다

ご飯党 밥을 선호함

▶よく食べます는 '자주 먹는다'는 표현입니다. 대화에서 어떤 동작을 자주 한다는 표현을 할 때 동사 앞에 よく를 사용하여 습관적인 동작을 표현하는 방법입니다.

A : 다나카 씨 면류는 좋아합니까?

田中さん、麺類は好きですか。
<ruby>田中<rt>た なか</rt></ruby>さん、<ruby>麺類<rt>めん るい</rt></ruby>は<ruby>好<rt>す</rt></ruby>きですか。

다나까상 멘루이와 스끼데스까

B : 정말 좋아합니다.

大好物です。
<ruby>大好物<rt>だい こう ぶつ</rt></ruby>です。

다이고-부쯔데스

A : 라면, 우동, 소바, 소면, 이것저것이 있습니다만…

ラーメン、うどん、そば、そうめん、
いろいろありますけど…

라-멘, 우동, 소바, 소-멘, 이로이로 아리마스께도

B : 수타 라면이죠.

手打ちラーメンですね。
<ruby>手打<rt>て う</rt></ruby>ちラーメンですね。

데우찌 라멘데스네

A : 저는 관동 출신이어서 소바를 자주 먹습니다.

私は関東出身なので、そばをよく食べます。
<ruby>私<rt>わたし</rt></ruby>は<ruby>関東<rt>かん とう</rt></ruby><ruby>出身<rt>しゅっしん</rt></ruby>なので、そばをよく<ruby>食<rt>た</rt></ruby>べます。

와따시와 칸또- 슛신나노데 소바오 요꾸 다베마스

B : 면은 목 넘김이 좋은 걸로 결정돼요.

麺は、のど越しの良さで決まりですよ。
<ruby>麺<rt>めん</rt></ruby>は、のど<ruby>越<rt>ご</rt></ruby>しの<ruby>良<rt>よ</rt></ruby>さで<ruby>決<rt>き</rt></ruby>まりですよ。

멘와 노도고시노 요사데 키마리데스요

단어

<ruby>大好物<rt>だい こう ぶつ</rt></ruby> 매우 좋아하는 것

ラーメン 라면

うどん 우동

そば 메밀국수

そうめん 소면

<ruby>大好物<rt>だいこうぶつ</rt></ruby>는 '매우 좋아하는 것'을 가리킵니다. <ruby>大好<rt>だい す</rt></ruby>き는 '매우 좋아한다'라는 뜻으로, 비슷한 한자이지만 발음에 차이가 있습니다.

お腹はすいてませんか。

오나까와 스이떼마셍까

'배는 안 고픈가요?'라는 뜻입니다. 상대방에게 배가 고픈지 질문하는 표현입니다.

お腹ペコペコです。
오나까 뻬꼬뻬꼬데스

배가 너무 고파요.

お腹がすいて死にそうです。
오나까가 스이떼 시니소-데스

배가 고파서 죽을 것 같아요.

今はまだ大丈夫です。
이마와 마다 다이죠-부데스

지금은 아직 괜찮아요.

TIP

▶ペコペコ는 배가 몹시 고픈 상태를 나타내는 말입니다. 이 처럼 일본어에서 관용적으로 사용되는 의성어의 표현은 일상생활에서 자주 사용되는 표현이므로 발음과 사용방법에 유의하세요.

☑ 배고파요.

腹ペコです。

하라뻬꼬데스

☑ 배가 고파서 제 배에서 꼬르륵 소리가 나요.

お腹がすいて私のお腹がグーグー鳴っています。

오나까가 스이떼 와따시노 오나까가 구-구- 낫떼 이마스

☑ 배와 등이 달라붙을 것 같아요.

お腹と背中がくっつきそうです。

오나까또 세나까가 굿쯔끼소-데스

☑ 지금은 아직 참을 수 있어요.

今はまだ我慢できます。

이마와 마다 가만데끼마스

단어

お腹がすく 배고프다

グーグー鳴る 꼬르륵
소리가 나다

背中 등

くっつく 딱 달라붙다

我慢する 참다

▶ 我慢은 '참다' 또는 '견디다'라는 뜻입니다. 이는 어떤 대상이나 상황을 스스로 제어한다는 뜻으로 사용됩니다.

A : 야마모토 씨, 배는 안 고프세요?

山本さん、お腹はすいていませんか。

야마모또상 오나까와 스이떼 이마센까

B : 배고파요.

すいてます。

스이떼마스

A : 식사 좀 하고 가실까요?

ちょっと食べて行きませんか。

촛또 다베떼 이끼마센까

B : 좋아요.

いいですね。

이-데스네

A : 저기 패밀리 레스토랑에 들어가요.

あそこのファミレスに入りましょう。

아소꼬노 화미레스니 하이리마쇼-

B : 패밀리 레스토랑 오랜만이에요.

ファミレス、久しぶりです。

화미레스 히사시부리데스

단어

ファミレス 패밀리 레스
토랑

入る 들어가다

ファミレスはファミリーレストランの줄임말입니다。일본인은 긴
외래어를 줄여서 사용하는 경우가 많습니다。アルバイト→バイト
(아르바이트)、スマートホン→スマホ(스마트폰)、インターネット
→ネット(인터넷) 등의 다양한 예를 기억하세요.

一日三食、食べますか。
<small>いち にち さん しょく　た</small>

이찌니찌 산쇼꾸 다베마스까

'하루 세 끼를 드시나요?'라는 뜻입니다. 상대방에게 일상생활의 습관의 하나인 식사 습관을 물어볼 때에 사용하는 표현입니다. 새롭게 만난 사람 등과 친분을 쌓기 위해 필요한 대화 중의 하나입니다.

はい。一日三食きちんと食べ
ます。

하이 이찌니찌산쇼꾸 끼찡또 다베마스

네. 하루 세 끼를 꼬박꼬박 먹습니다.

忙しいときは別として普段は一
日三食ですね。

이소가시- 도끼와 베쯔또 시떼 후단와 이찌니찌 산쇼꾸데스네

바쁠 때는 제외하고 보통은 하루 세 끼를 먹습니다.

今ダイエットをしているので一
日一食です。

이마 다이엣또오 시떼 이루노데 이찌니찌 잇쇼꾸데스

지금 다이어트를 하고 있어서 하루 한 끼를 먹습니다.

TIP

▶~は別としては '~은 제외하고'라는 뜻으로 어떤 내용에 대해 예외적인 사항을 말할 때 사용하는 관용적인 표현 방법입니다.

☑ 하루 세 끼를 먹는 것이 당연합니다.

一日三食食べるのが当たり前です。

이찌니찌 산쇼꾸 타베루노가 아따리마에데스

☑ 하루 세 끼를 꼬박꼬박 먹는 것은 어렵습니다.

一日三食きちんと食べるのは難しいです。

이찌니찌 산쇼꾸 끼찐또 다베루노와 무즈까시-데스

☑ 좋은지 나쁜지는 제외하고 하루 한 끼밖에 안 먹습니다.

いいか悪いかは別として一日一食しか食べません。

이-까 와루이까와 베쯔또시떼 이찌니찌 잇쇼꾸시까 다베마센

☑ 하루 세 끼 먹어도 다이어트는 가능합니다.

一日三食食べてもダイエットはできます。

이찌니찌 산쇼꾸 다베떼모 다이엣또와 데끼마스

▶ 명사와 함께 ~しか를 사용하면 해당 명사를 한정적인 의미로 하여 '~밖에' 또는 '~뿐'이라는 뜻을 가집니다.

단어

当たり前 당연함, 마땅함

ダイエット 다이어트

A : 아먀모토 씨는 하루 세 끼를 먹습니까?

山本さんは一日三食食べますか。

야마모또상와 이찌니찌 산쇼꾸 다베마스까

B : 그게 아침은 바빠서 안 먹고 출근합니다.

それが朝は忙しいので食べないで
出勤します。

소레가 아사와 이소가시-노데 다베나이데 슛낀시마스

A : 아침은 시간의 여유가 없지요.

朝は時間の余裕がないですよね。

아사와 지깐노 요유-가 나이데스요네

B : 가볍게 먹을 수 있으면 좋은데 말이죠.

軽く食べれるといいんですけど。

가루꾸 다베레루또 이인데스께도

A : 과일 같은 건 어때요?

果物なんかどうですか。

구다모노난까 도-데스까

B : 이제부터 노력해 볼게요.

これから努力してみます。

고레까라 도료꾸시떼 미마스

出勤する 출근하다

余裕 여유

軽く 가볍게, 부담없이

果物 과일

努力 노력

어떤 것을 '노력하다'라는 표현은 努力する가 사용되지만 관용적인 표현으로 頑張る도 자주 사용합니다. 두 가지 모두 일상에서 자주 사용하는 표현입니다.

好き嫌いはありますか。

ス끼기라이와 아리마스까

'좋고 싫음이 있습니까?'라는 뜻입니다. 식사를 초대하거나 식사를 주문하는 상황 등에서 상대방에게 원하는 음식의 메뉴를 물어볼 때 사용할 수 있는 표현입니다.

私は好き嫌いなく何でも食べます。

와따시와 스끼기라이나꾸 난데모 다베마스

저는 가리는 것이 없이 뭐든지 먹습니다.

嫌いなものが少しあります。

기라이나 모노가 스꼬시아리마스

싫어하는 것이 조금 있습니다.

私は好き嫌いが多い方です。

와따시와 스끼기라이가 오-이 호-데스

저는 가리는 것이 많은 편입니다.

TIP

▶ 好き嫌いなく는 '좋아하다'라는 好き와 '싫어하다'라는 嫌い의 상반되는 단어가 결합하여 두 가지 상황을 모두 포함하는 뜻을 가지는 단어로 사용됩니다. 한국어와 다른 관용적인 표현이므로 사용방법에 유의하시고 상황에 맞도록 사용해 보시기 바랍니다.

☑ 편식하는 편입니다.
偏食する方です。
<ruby>偏<rt>へん</rt></ruby><ruby>食<rt>しょく</rt></ruby>する<ruby>方<rt>ほう</rt></ruby>です。

헨쇼꾸스루 호-데스

☑ 먹을 때와 먹지 않을 때가 있습니다.
食べムラがある。
<ruby>食<rt>た</rt></ruby>べムラがある。

다베무라가 아루

☑ 좋고 싫음이 심하다.
好き嫌いが激しい。
<ruby>好<rt>す</rt></ruby>き<ruby>嫌<rt>きら</rt></ruby>いが<ruby>激<rt>はげ</rt></ruby>しい。

스끼기라이가 하게시-

☑ 좋고 싫음이 분명합니다.
好き嫌いがはっきりしています。
<ruby>好<rt>す</rt></ruby>き<ruby>嫌<rt>きら</rt></ruby>いがはっきりしています。

스끼기라이가 핫끼리시떼 이마스

단어

<ruby>偏食<rt>へんしょく</rt></ruby> 편식

<ruby>食<rt>た</rt></ruby>べムラ 먹을 때와
먹지 안을 때가 있음

<ruby>激<rt>はげ</rt></ruby>しい 심한, 격한

<ruby>好<rt>す</rt></ruby>き<ruby>嫌<rt>きら</rt></ruby>い 좋고 싫음

はっきり 확실히, 분
명히

▶激しい는 어떤 상황이나 행동이 격하거나 변화가 심
함을 나타낼 때에 사용되는 표현입니다. 기복이 심하거
나 차이가 심한 상태를 말합니다.

A : 야마다 씨, 좋고 싫음이 있습니까?

山田さん、好き嫌いはありますか。

야마다상 스끼기라이와 아리마스까

B : 저는 피망을 싫어합니다.

私はピーマンが苦手です。

와따시와 피-망가 니가떼데스

A : 다른 야채는 어떻습니까?

他の野菜はどうですか。

호까노 야사이와 도-데스까

B : 샐러리도 안 먹습니다.

セロリもダメですね。

세로리모 다메데스네

A : 몇 가지가 있네요.

いくつかあるんですね。

이꾸쯔까 아룬데스네

B : 빨리 극복하고 싶어요.

早く克服したいです。

하야꾸 고꾸후꾸시따이데스

ピーマン 피망

野菜 야채

セロリ 샐러리

いくつか 몇 개, 수 개

克服 극복

食べムラ는 먹을 때와 먹지 않을 때가 있다는 뜻입니다. 이때 사용되는 ムラ는 斑를 카타카나로 표현한 것으로 얼룩과 같이 한결같이 못한 것을 나타내는 뜻을 가지고 있습니다.

★ 061 매운 것은 괜찮습니까?

辛<ruby>からい</ruby>いのは大丈夫<ruby>だいじょうぶ</ruby>ですか。

가라이노와 다이죠-부데스까

★ 062 추천하는 가게가 있습니까?

お勧<ruby>すす</ruby>めの店<ruby>みせ</ruby>がありますか。

오스스메노 미세가 아리마스까

★ 063 무엇을 먹고 싶습니까?

何<ruby>なに</ruby>が食<ruby>た</ruby>べたいですか。

나니가 다베따이데스까

★ 064 잘하는 요리가 뭔가요?

得意<ruby>とくい</ruby>な料理<ruby>りょうり</ruby>は何<ruby>なん</ruby>ですか。

토꾸이나 료-리와 난데스까

★ 065 일본 요리 중에 무엇을 가장 좋아합니까?

日本料理<ruby>にほんりょうり</ruby>で何<ruby>なに</ruby>が一番<ruby>いちばん</ruby>好<ruby>す</ruby>きですか。

니혼료-리데 나니가 이찌방 스끼데스까

★ 066 입맛에 맞습니까?

お口<ruby>くち</ruby>に合<ruby>あ</ruby>いますか。

오꾸찌니 아이마스까

★ 067 면류는 좋아하나요?

麺類<ruby>めんるい</ruby>は好<ruby>す</ruby>きですか。

멘루이와 스끼데스까

★ 068 배는 안 고픈가요?

お腹<ruby>なか</ruby>はすいてませんか。

오나까와 스이떼마센까

★ 069 하루 세 끼를 드시나요?

一日三食<ruby>いちにちさんしょく</ruby>、食<ruby>た</ruby>べますか。

이찌니찌 산쇼꾸 다베마스까

★ 070 좋고 싫음이 있습니까?

好<ruby>す</ruby>き嫌<ruby>きら</ruby>いはありますか。

스끼기라이와 아리마스까

Part 08 부탁/요청

荷物を預けたいんですが。
にもつ あず

니모쯔오 아즈께따인데스가

'짐을 맡기고 싶습니다만..'이라는 뜻입니다. 호텔이나 공항 등에서 자신의 화물을 맡기고자 할 경우에 사용하는 표현입니다. 형태는 질문이 아니지만 돌려서 질문하는 일본어 어법입니다.

では、こちらでお預かりいたします。
あず

데와 고찌라데 오아즈까리이따시마스

그럼, 여기서 맡겨 드리겠습니다.

コインロッカーをご利用ください。
りよう

코인롯카ー오 고리요ー 구다사이

코인로커를 이용해 주세요.

どの荷物をお預けになりますか。
にもつ あず

도노 니모쯔오 오아즈케니 나리마스까

어느 짐을 맡기실 건가요?

TIP

▶ では는 특히 문장의 맨 앞에 사용하여 '그렇다면' 또는 '그러면'이라는 뜻으로 사용됩니다. それでは와 동일한 뜻입니다.

☑ 짐을 보관해 주실 수 있나요?

荷物を保管してもらえますか。

니모쯔오 호깐시떼 모라에마스까

☑ 짐을 맡겨 주시겠습니까?

荷物を預かってもらえますか。

니모쯔오 아즈깟떼 모라에마스까

☑ 짐은 어디에 맡기면 됩니까?

荷物はどこに預けたらいいですか。

니모쯔와 도꼬니 아즈께따라 이-데스까

☑ 코인 로커는 어디에 있습니까?

コインロッカーはどこにありますか。

코인롯까-와 도꼬니 아리마스까

단어

保管する 보관하다

預かる 맡다, 보관하다

預ける 맡기다, 위탁하다

コインロッカー 코인 로커

▶ 荷物는 '화물'이나 '짐'을 말합니다. 이는 어떤 크기나 종류에 상관없이 사용되는 말이나 작은 '화물'이나 '짐'을 말할 때에는 手荷物라는 표현도 사용합니다.

A : 다나카 씨, 수화물이 많네요.

<ruby>田<rt>た</rt></ruby><ruby>中<rt>なか</rt></ruby>さん、<ruby>手<rt>て</rt></ruby><ruby>荷<rt>に</rt></ruby><ruby>物<rt>もつ</rt></ruby>が<ruby>多<rt>おお</rt></ruby>いですね。

다나까상 테니모쯔가 오-이데스네

B : 맞아요. 수화물을 맡기고 싶은데요.

そうなんです。<ruby>荷<rt>に</rt></ruby><ruby>物<rt>もつ</rt></ruby>を<ruby>預<rt>あず</rt></ruby>けたいんですが。

소-난데스 니모쯔오 아즈께따인데스가

A : 저기에 코인 로커가 있어요.

あそこにコインロッカーがありますよ。

아소꼬니 코인롯카-가 아리마스요

B : 맡기는 짐의 크기에 따라 요금이 다르군요.

<ruby>預<rt>あず</rt></ruby>ける<ruby>荷<rt>に</rt></ruby><ruby>物<rt>もつ</rt></ruby>の<ruby>大<rt>おお</rt></ruby>きさで<ruby>料<rt>りょう</rt></ruby><ruby>金<rt>きん</rt></ruby>が<ruby>違<rt>ちが</rt></ruby>うんですね。

아즈께루 니모쯔노 오-끼사데 료-낀가 찌가운데스네

A : 다나카 씨 것은 소형 300엔으로 괜찮을 것 같습니다.

<ruby>田<rt>た</rt></ruby><ruby>中<rt>なか</rt></ruby>さんのは<ruby>小<rt>こ</rt></ruby><ruby>型<rt>がた</rt></ruby>300<ruby>円<rt>えん</rt></ruby>で<ruby>大<rt>だい</rt></ruby><ruby>丈<rt>じょう</rt></ruby><ruby>夫<rt>ぶ</rt></ruby>そうですよ。

다나까상노와 고가따 산뱌꾸엔데 다이죠-부소-데스요

B : 도움이 되었습니다.

<ruby>助<rt>たす</rt></ruby>かりました。

다스까리마시다

<ruby>手<rt>て</rt></ruby><ruby>荷<rt>に</rt></ruby><ruby>物<rt>もつ</rt></ruby> 수화물, 작은 짐

<ruby>料<rt>りょう</rt></ruby><ruby>金<rt>きん</rt></ruby> 요금

<ruby>小<rt>こ</rt></ruby><ruby>型<rt>がた</rt></ruby> 소형

<ruby>助<rt>たす</rt></ruby>かる 도움이 되다

일본의 공항이나 역에서 흔히 볼 수 있는 コインロッカー는 '보관함'이라고 할 수 있습니다. 크기에 따라서 요금이 다르게 설정이 되어 있어 이용자들의 상황에 맞추어 이용할 수 있는 장점이 있습니다.

小銭ありますか。

こ ぜに

고제니 아리마스까

'동전이 있습니까?'라는 뜻입니다. 상점이나 가게 등에서 잔돈이 필요한 경우에 사용하는 표현입니다.

そこに両替機がありますよ。

りょう がえ き

소꼬니 료-가에끼가 아리마스요

저기에 환전기가 있어요.

今、持ち合わせていません。

いま も あ

이마 모찌아와세떼 이마셍

지금, 가지고 있지 않아요.

少しならあります。

すこ

스꼬시나라 아리마스

조금이라면 있습니다.

Part 08 부탁/요청

TIP

▶일본의 일상생활 속에서 동전을 사용하는 경우가 많이 있습니다. 자동판매기나 무인 판매점 등이 많이 있어 동전을 바꿀 수 있는 両替機를 자주 볼 수 있습니다.

りょうがえ き

☑ 동전이 있습니까?

細かいお金がありますか。

고마까이 오까네가 아리마스까

☑ 지폐밖에 없습니다.

お札しかありません。

오사쯔시까 아리마셍

☑ 환전해서 동전을 만듭니다.

両替して小銭を作ります。

료-가에시떼 고제니오 쯔꾸리마스

☑ 동전이 필요합니다.

小銭が必要です。

고제니가 히쯔요-데스

단어

細かい 작은, 미세한

お札 지폐

小銭 동전

作る 만들다

▶일본은 한국과는 달리 동전을 많이 사용합니다. 1엔의
동전도 자주 사용되므로 동전지갑을 사용하는 사람들도
많이 있습니다. 小銭を作る는 '동전을 준비한다'는 뜻
으로 사용된다는 것을 참고해 두시기 바랍니다.

A : 스즈키 씨, 동전 있습니까?

鈴木さん、小銭ありますか。

스즈끼상 고제니 아리마스까

B : 저는 카드를 써서 동전을 가지고 다니지 않습니다.

私はカードを使うので小銭は持ち歩きません。

와따시와 카-도오 쯔까우노데 고제니와 모찌아루키마센

A : 오늘 동전 지갑을 집에 놓고 와 버렸습니다.

今日小銭入れを家に忘れてきてしまいました。

쿄- 고제니이레오 우찌니 와스레떼 끼떼시마이마시다

B : 저기에 환전기가 있어요.

あそこに両替機がありますよ。

아소꼬니 료-가에끼가 아리마스요

A : 그러면, 저기서 돈을 바꿔 올게요.

それじゃあ、あそこでお金を崩してきます。

소레쟈- 아소꼬데 오까네오 구즈시떼 끼마스

B : 여기서 기다릴게요.

ここで待ってますね。

고코데 맛떼마스네

단어

持ち歩く 가지고 다니다

小銭入れ 동전지갑

崩す 무너뜨리다

待つ 기다리다

'잔돈'은 小銭라고 하며, 細かいお金도 같은 뜻입니다.

239

どう行ったらいいですか。

도-잇따라 이-데스까

'어떻게 가면 됩니까?'라는 뜻입니다. 상대방에게 목적지 등으로 가는 방법을 질문할 때 사용하는 표현입니다.

私が案内します。

와따시가 안나이시마스

제가 안내할게요.

タクシーに乗ったら確実に着きますよ。

타쿠시-니 놋따라 가꾸지쯔니 쯔끼마스요

택시를 타면 확실하게 도착합니다.

道が混むので地下鉄で行くのがお勧めです。

미찌가 고무노데 찌까테쯔데 이꾸노가 오스스메데스

길이 막히니까 지하철로 가는 걸 추천해요.

TIP

▶ 어떤 목적지에 도착하는 것은 着く라는 단어를 사용합니다. 이는 도착지를 의미하는 단어와 함께 사용한다는 것을 기억하세요.

☑ 길을 알려 주세요.

道を教えてください。
みち　おし

미찌오 오시에떼 구다사이

☑ 저기를 우회전합니까, 아니면 좌회전합니까?

あそこを右に曲がりますか、それ
　　　　みぎ　ま
とも左に曲がりますか。
　　ひだり　ま

아소꼬오 미기니 마가리마스까 소레또모 히다리니 마가리마스까

☑ 이 길을 쭉 가세요.

この道をまっすぐ行ってください。
　　みち　　　　　　い

고노 미찌오 맛스구 잇떼 구다사이

☑ 이대로 쭉 직진하면 목적지가 보일 거예요.

このまままっすぐ進んだら目的地
　　　　　　　　　すす　　もくてきち
が見えてきますよ。
　み

고노마마 맛스구 스슨다라 모꾸떼끼치가 미에떼끼마스요

단어

右 오른쪽
みぎ

曲がる 굽다, 휘어지다
ま

左 왼쪽
ひだり

まっすぐ 바로, 곧장

目的地 목적지
もくてきち

▶운전을 할 때나 방향을 이야기할 때 사용되는 표현으로 右に曲が리는 '우회전'을, 左に曲が리는 '좌회전'을 의미합니다.
　　　みぎ　ま　　　　　　　　　　ひだり　ま

A : 야마모토 씨의 댁은 어떻게 가면 됩니까?

山本さんのお宅はどう行ったらいい
ですか。

야마모또상노 오타꾸와 도-잇따라 이-데스까

B : 여기서부터 10분 정도입니다만.

ここから10分くらいですけど。

고꼬까라 줏뿐구라이데스께도

A : 야마모토 씨의 댁은 처음이라서 잘 몰라서요.

山本さんのお宅は初めてなのでよく
わからなくて。

야마모또상노 오타꾸와 하지메떼나노데 요꾸 와까라나꾸떼

B : 제가 안내할게요.

私が案内しますよ。

와따시가 안나이시마스요

A : 택시를 타나요?

タクシーに乗りますか。

타꾸시-니 노리마스까

B : 제 차로 갑시다.

私の車で行きましょう。

와따시노 구루마데 이끼마쇼-

お宅 댁

初め 처음, 시작

案内 안내

乗る 타다, 탑승하다

お宅는 상대방의 집을 높여 부르는 말입니다. 또한, 친분관계가 많지 않은 상대방을 높여 부를 때에도 お宅를 사용합니다.

送ってもらえますか。

오꿋떼 모라에마스까

'바래다 주실래요?'라는 뜻입니다. 상대방에게 목적지 등으로 자신을 보내 주길 요청할 때 사용하는 공손한 표현입니다.

もし近くまでなら送っていけます。

모시 찌까꾸마데나라 오꿋떼 이께마스

만약 근처까지라면 바래다 줄 수 있습니다.

バス停まで送りますね。

바스테-마데 오꾸리마스네

버스 정류장까지 바래다 드릴게요.

僕の車でお送りします。

보꾸노 구루마데 오-꾸리시마스

저의 차로 모셔드리겠습니다.

TIP

▶ もし~ならと '만약 ~하면'이라는 뜻으로 어떤 사실이나 내용을 가정하여 사용하는 표현입니다.

☑ 배웅해 주시겠어요?

送迎してくれますか。

소-게-시떼 구레마스까

☑ 공항까지 바래다 드리겠습니다.

空港までお送りします。

구-꼬-마데 오-꾸리시마스

☑ 마중 와 줄 수 있나요?

迎えに来てもらえますか。

무까에니 끼떼 모라에마스까

☑ 역까지 바래다 주었으면 좋겠습니다만…

駅まで送ってほしいのですが…

에끼마데 오꿋떼호시-노데스가

▶ 어떤 사람을 배웅하는 표현은 送り라고 하고 마중을 하는 것을 迎え라고 합니다. 예를 들어 아이를 학교에 보내 주고 마중을 가는 것을 送り迎え라고 합니다.

送迎 배웅

空港 공항

A : 오늘부터 여행인가요?

今日から旅行ですか。

쿄-까라 료꼬-데스까

B : 네. 죄송합니다만 공항까지 바래다 주실래요?

はい。申し訳ないのですが空港まで
送ってもらえますか。

하이 모-시와께나이노데스가 구-꼬-마데 오꿋떼 모라에
마스까

A : 공항버스 정류장까지라면 괜찮아요.

空港バス乗り場までだったらいいで
すよ。

구-꼬-바스노리바마데닷따라 이-데스요

B : 공항버스를 타고 공항까지 얼마나 걸립니까?

空港バスに乗って空港まではどのく
らいかかりますか。

구-꼬-바스니 놋떼 구-꼬-마데와 도노구라이 가까리마스까

A : 40분이면 도착할 거라고 생각합니다만.

40分で着くと思いますけど。

욘쭛뿐데 쯔꾸또 오모이마스께도

B : 그럼 버스 정류장까지 잘 부탁합니다.

じゃあ、バス乗り場まで、よろしくお
願いします。

쟈 바스노리바마데 요로시꾸 오네가이시마스

단어

旅行 여행

申し訳ない 면목 없는,
송구한

バス乗り場 버스 정류
장

일반적으로 '~해 주세요'는 ~してください라는 표현을 사용하지만
상대방에게 부드럽게 부탁하는 경우에는 ~してもらえますか라
는 표현을 사용합니다.

245

もう一度言ってくださいますか。

モー 이찌도 잇떼 구다사이마스까

'한 번 더 말해 주시겠어요?'라는 뜻입니다. 상대방에게 이전에 말했던 내용을 재차 요청할 때에 사용하는 표현입니다.

わかりました.

와까리마시다

알겠습니다.

では、もう一度言います。

데와 모- 이찌도 이-마스

그럼 한번 더 말하겠습니다.

今度はよく聞いてくださいね。

곤도와 요꾸 끼-떼 구다사이네

이번에는 잘 들어주세요.

TIP

▶상대방의 요구나 전달 사항을 이해한 경우에 わかりました라고 합니다만 직장이나 비즈니스 관계에서는 かしこまりました라고 하는 것을 자주 듣습니다. 이는 상대방의 의사 또는 요구를 정확히 이해하고 수행하겠다는 의미로 상대방을 높여주는 '잘 알겠습니다'라는 뜻입니다.

☑ 한번 더 말해줄 수 있나요?

もう一度(いちど)言(い)ってもらえますか。

모- 이찌도 잇떼 모라에마스까

☑ 한번 더 말씀해 주세요.

もう一度(いちど)おっしゃってください。

모- 이찌도 옷샷떼 구다사이

☑ 한번 더 말할 테니 잘 들어주세요.

もう一度(いちど)言(い)いますので、よく聞(き)いてください。

모- 이찌도 이-마스노데 요꾸 끼-떼 구다사이

☑ 한번 더 말씀드리겠습니다.

もう一度(いちど)言(い)わせてもらいます。

모- 이찌도 이와세떼 모라이마스

단어

もう 벌써, 더

言(い)う 말하다

聞(き)く 듣다

おっしゃる 말씀하다

▸もう一度(いちど)는 '한번 더'라는 뜻으로 회화에서 자주 사용되는 표현입니다. 어떤 상황을 강조하거나 상대방에게 요청할 때 등의 상황에서 자주 사용될 수 있습니다.

A : 내일 회의 자료를 오늘 중으로 준비해 주세요.

明日の会議の資料を今日中に準備
してください。

아시따노 가이기노 시료-오 쿄-쥬-니 쥰비시떼 구다사이

B : 죄송합니다. 한번 더 말해 주시겠어요?

すみません。もう一度言ってください
ますか。

스미마셍 모- 이찌도 잇떼 구다사이마스까

A : 조금 빨랐나요?

少し早かったですか。

스꼬시 하야깟따데스까

B : 저는 아직 일본어를 잘 모르겠어요.

私はまだ日本語がよくわかりません。

와따시와 마다 니혼고가 요꾸 와까리마셍

A : 다음부터 신경 써서 말할게요.

今度から気を付けて話しますね。

곤도까라 키오 쯔께떼 하나시마스네

B : 잘 부탁합니다.

よろしくお願いします。

요로시꾸 오네가이시마스

会議 회의

資料 자료

今日中 오늘 중

準備 준비

気を付けて 조심해서

気を付けて는 '조심해서'라는 뜻입니다. 어떤 행동에 대해서 '조심하라' 또는 '주의하라'는 뜻으로 사용합니다만 보통 헤어질 때에도 인사로 사용하는 경우가 있습니다

写真を一枚撮って
くださいますか。

しゃ しん いち まい と

샤신오 이찌마이 돗떼 구다사이마스까

'사진 한 장 찍어 주시겠어요?'라는 뜻입니다. 관광지 등의 장소에서 타인이나 지인에게 사진을 찍어 줄 것을 부탁할 때에 사용하는 표현입니다.

いいですよ。

좋아요.

아―데스요

どこで撮りましょうか。

と

어디서 찍을까요?

도꼬데 도리마쇼―까

なかなか良い風景ですね。

い ふう けい

꽤 좋은 풍경이네요.

나까나까 이― 후―께―데스네

TIP

▸ なかなか는 '상당히' 또는 '매우'라는 뜻으로 어떤 내용이나 상황 등의 상태를 강조할 때에 사용하는 표현입니다. 특히 함께 사용되는 형용사 또는 형용동사를 강조합니다.

☑ 사진 한 장 찍어 주겠습니까?

しゃ しん いち まい と
**写真一枚撮ってもらっていいです
か。**

샤신 이찌마이 돗떼 모랏떼 이-데스까

☑ 카메라의 셔터를 눌러 주겠습니까?

お
**カメラのシャッターを押してもらえ
ますか。**

카메라노 샷따-오 오시떼 모라에마스까

☑ 사진 한 장 부탁하고 싶은데요.

しゃ しん いち まい ねが
**写真一枚お願いしたいんですけ
ど…**

샤신 이찌마이 오네가이시따인데스께도

☑ 어디를 배경으로 찍을까요?

と
どこをバックに撮りますか。

도꼬오 밧꾸니 도리마스까

しゃしん
写真 사진

と
撮る 사진을 찍다

カメラ 카메라

シャッター 셔터

バック 뒤, 배경

▶상대방에게 사진을 찍어 주기를 부탁할 때에 사용하는 표현인 撮ってもらう 수동형으로 표현합니다. 주로 상대방에게 양해를 구할 때에는 수동형의 표현으로 사용한다는 것을 알아 두시기 바랍니다.

A : 오늘은 후지산이 잘 보이네요.

今日は富士山がよく見えますね。

쿄-와 후지산가 요꾸 미에마스네

B : 구름 한 점 없는 좋은 날씨네요.

雲ひとつないいいお天気です。

구모 히또쯔나이 이- 오뎅끼데스

A : 사진을 한 장 찍어 주시겠어요?

写真を一枚撮ってくださいますか。

샤신오 이찌마이 돗떼 구다사이마스까

B : 아, 좋아요.

あ、いいですよ。

아 이-데스요

A : 후지산을 배경으로 넣어 주세요.

富士山をバックに入れてください。

후지산오 밧꾸니 이레떼 구다사이

B : 알겠습니다.

了解です。

료-까이데스

단어

富士山 후지산

雲 구름

了解 양해

'산'은 일본어로 山라고 합니다. 하지만 위의 본문에 있는 고유명
사 富士山과 같은 경우에는 ふじやま라고 읽지 않습니다.

251

席を変わってもらえますか。
せき か

세끼오 가왓떼 모라에마스까

'자리를 바꿔 줄 수 있나요?'라는 뜻입니다. 극장이나 식당 등에서 상대방에게 자리를 바꿔 줄 것을 정중하게 부탁할 때에 사용하는 표현입니다.

ここでよかったら、どうぞ。

고꼬데 요깟따라 도-조

여기라도 괜찮으시면 여기요.

えっと、お宅の席はどこですか。
たく せき

엣또 오타꾸노 세끼와 도꼬데스까

저기, 당신의 자리는 어디인가요?

家族で座っているのでちょっと…
か ぞく すわ

가조꾸데 스왓떼 이루노데 춋또

가족과 같이 앉아 있어서 좀…

TIP

▶よかったら는 '괜찮으시다면'이라는 뜻으로, 상대방의 입장을 생각하여 표현하는 방법입니다.

☑ 자리를 양보해 줄 수 있나요?

席を譲ってもらえますか。

세끼오 유즛떼 모라에마스까

☑ 자리 번호는 몇 번입니까?

席の番号は何番ですか。

세끼노 방고-와 난방데스까

☑ 장소를 바꿔 줄래요?

場所を変わってもらえますか。

바쇼오 가왓떼 모라에마스까

☑ 혼자 앉으십니까?

一人でお座りですか。

히또리데 오스와리데스까

단어

席 자리, 좌석

譲る 양보하다

場所 장소

変わる 바꾸다

座る 앉다

▶상대방에게 '번호가 몇 번인지'를 물어보는 표현인
何番ですか는 일반적인 번호를 묻거나 순서 등을 질문
할 때에 자주 사용하는 말입니다.

A : 스즈키 씨, 저기에 앉아요.

鈴木さん、あそこに座りましょう。

스즈끼상 아소꼬니 스와리마쇼-

B : 분위기 좋은 레스토랑이네요.

雰囲気のいいレストランですね。

훈이끼노 이- 레스토랑데스네

A : 창문으로 바깥 경치가 잘 보여요.

窓から外の景色がよく見えますよ。

마도까라 소또노 게시끼가 요꾸 미에마스요

B : 자리를 바꿔 줄 수 있나요?

席を変わってもらえますか。

세끼오 가왓떼 모라에마스까

A : 여기요.

どうぞ。

도-조

B : 창문으로 보는 풍경이 무척 예쁘네요.

窓から見える風景がとても素敵ですね。

마도까라 미에루 후-케-가 도떼모 스떼끼데스네

雰囲気 분위기

窓 창, 창문

外 밖

景色 경치

風景 풍경

景色는 '경치, 경관'이라는 뜻이며 風景은 '풍경'이라는 뜻으로, 비슷한 개념으로 자주 사용되는 표현입니다.

部屋は空いてますか。

헤야와 아이떼마스까

'방은 비어 있나요?'라는 뜻입니다. 호텔 등의 숙박지에서 빈방이 있는지를
질문하는 표현입니다. 일상에서 자주 사용하는 표현이므로 표현 방법을 잘
익혀서 상황에 맞도록 잘 사용해 보시기 바랍니다.

只今満室です。

타다이마 만시쯔데스

지금 만실입니다.

何名様ですか。

난 메―사마데스까

몇 분이신가요?

少しお待ちいただけますか。

스꼬시 오마찌 이따다께마스까

잠시 기다려 주시겠습니까?

TIP

▶ 只今는 '지금'을 나타내는 말로서 현 시점을 정확하게 표현할 때에 사용되는 관
용적인 표현입니다. 격식이 있는 표현이며, 행사장 같은 곳에서도 자주 사용되는
표현입니다.

☑ 빈방이 있습니까?

空き部屋がありますか。

아끼베야가 아리마스까

☑ 방을 찾고 있는데요.

部屋を探しているんですが。

헤야오 사가시떼 이룬데스가

☑ 묵을 수 있는 방은 있습니까?

泊まれる部屋はありますか。

도마레루 헤야와 아리마스까

☑ 1박 하고 싶은데요.

一泊したいのですが。

잇빠꾸시따이노데스가

단어

空き 빈, 공허한

部屋 방

探す 찾다

▶ 숙박지 등에서 '숙박하다'라는 뜻으로 사용되는 泊ま
る는 동작의 멈춤을 나타내는 止まる와는 동일한 발음
이지만 한자의 차이가 있습니다.

A : 방은 비어 있나요?

部屋は空いてますか。

헤야와 아이떼마스까

B : 예약하신 분은요?

ご予約の方は。

고요야꾸노 가따와

A : 예약하지 않았는데요.

予約してないんですが。

요야꾸시떼 나인데스가

B : 두 분이시라면 방이 하나 있습니다.

お二人様なら一室ございます。

오후따리사마나라 잇시쯔 고자이마스

A : 그걸로 부탁합니다.

それでお願いします。

소레데 오네가이시마스

B : 안내해 드릴 때까지 잠시 기다려 주십시오.

ご案内まで少々お待ちください。

고안나이마데 쇼-쇼- 오마찌 구다사이

단어

予約 예약

二人 두 사람

少々 잠시, 잠깐

待ち 기다림, 대기

少々와 같이 동일한 한자를 반복 사용하여 복수 의미를 나타내는 한자단어의 경우 뒷글자를 々로 바꾸어서 표시하며 々의 발음은 앞글자와 동일합니다.

257

手伝ってもらえますか。
て つだ

데쯔닷떼 모라에마스까

'도와줄 수 있나요?'라는 뜻입니다. 상대방에게 어떤 도움을 요청할 때 사용하는 표현입니다. 일상에서 자주 사용하는 표현이므로 표현 방법을 잘 익혀서 상황에 맞도록 잘 사용해 보시기 바랍니다.

ええ。何を手伝いましょうか。　　네, 뭘 도와드릴까요?
　　　なに　て つだ

에— 나니오 데쯔다이마쇼—까

ええ。少し待ってもらえますか。　네, 잠시 기다려 줄 수 있나요?
　　　すこ ま

에— 스꼬시 맛떼 모라에마스까

今ちょっと忙しいので後でいい
いま　　　　いそが　　　　あと
ですか。

지금 조금 바빠서 나중에 괜찮습니까?

이마 춋또 이소가시—노데 아또데 이—데스까

TIP

▶수동형 표현은 주로 상대방에게 부탁이나 양해를 구할 때에 사용합니다. 待って
もらえますか와 같이 상대방으로부터 동작이나 행위를 받는 형식의 표현으로 사용합니다.
　　　　　　　　　　ま

☑ 도와주세요.
手伝ってください。
데쯔닷떼 구다사이

☑ 손을 좀 빌려줄 수 있나요?
手を貸してもらえますか。
데오 가시떼모라에마스까

☑ 도와줄게요.
手助けしますよ。
데다스께시마스요

☑ 힘을 빌려주세요.
力を貸してください。
찌까라오 가시떼 구다사이

단어

手伝う 도와주다, 돕다

貸す 빌려주다

手助けする 돕다

力を貸す 힘을 빌리다, 도움을 받다

▶ 手を貸す는 한국어의 표현과 마찬가지로 '손을 빌리다'라는 뜻으로, 상대방에게 도움을 요청하는 표현 방법입니다.

A : 다나카 씨, 지금부터 회의 준비입니까?

田中さん、これから会議の準備ですか。

다나까상 고레까라 가이기노 쥰비데스까

B : 네, 야마모토 씨 시간이 있으면 도와줄 수 있나요?

はい。山本さん、時間があったら手伝ってもらえますか。

하이 야마모또상 지깐가 앗따라 데쯔닷떼 모라에마스까

A : 저라도 힘이 된다면...

私で力になれるのでしたら…

와따시데 찌까라니 나레루노데시다라

B : 부디 잘 부탁합니다.

ぜひよろしくお願いします。

제히 요로시꾸 오네가이시마스

A : 뭘 도와줄까요?

何をお手伝いしましょうか。

나니오 오테쯔다이시마쇼ー까

B : 자료를 나누어 주시면 감사하겠습니다.

資料を配ってくださるとありがたいです。

시료ー오 구밧떼 구다사루또 아리가따이데스

力 힘, 체력

配る 나누다, 분배하다

ありがたい 고마운, 감사한

手を貸す는 '손을 빌려주다'라는 의미로 말하는 사람이 상대방에게 도와준다는 뜻입니다. 반대로 상대방에게 도움을 받는다는 표현은 手を借りる로, 도와주는 주체가 상대방입니다.

260

詳しく教えてくださいますか。

구와시꾸 오시에떼 구다사이마스까

'자세히 알려 주시겠어요?'라는 뜻입니다. 상대방에게 어떤 상황이나 내용에 대해 구체적으로 알려 줄 것을 요청할 때 사용하는 표현입니다.

メモできますか。
메모데끼마스까

메모 가능한가요?

もっと詳しくですね。
못또 구와시꾸데스네

좀 더 자세히 말이군요.

これで十分だと思いますよ。
고레데 쥬-분다또 오모이마스요

이걸로 충분하다고 생각합니다.

TIP

▶ 十分은 '충분한 것'을 말합니다. 充分라고도 할 수 있습니다. 한자의 차이는 있습니다만 발음과 의미는 동일합니다.

☑ 자세히 설명해 주세요.
詳しく説明してください。
<ruby>詳<rt>くわ</rt></ruby>しく<ruby>説明<rt>せつ めい</rt></ruby>してください。

구와시꾸 세쯔메-시떼 구다사이

☑ 간단하게 알려 주세요.
簡単に教えてください。
<ruby>簡単<rt>かん たん</rt></ruby>に<ruby>教<rt>おし</rt></ruby>えてください。

간딴니 오시에떼 구다사이

☑ 자세히 설명해 주세요.
細かく教えてください。
<ruby>細<rt>こま</rt></ruby>かく<ruby>教<rt>おし</rt></ruby>えてください。

고마까꾸 오시에떼 구다사이

☑ 정확하게 알려 주세요.
正確に教えてください。
<ruby>正確<rt>せい かく</rt></ruby>に<ruby>教<rt>おし</rt></ruby>えてください。

세-까꾸니 오시에떼 구다사이

단어

<ruby>詳<rt>くわ</rt></ruby>しく 상세하게

<ruby>細<rt>こま</rt></ruby>かく 자세히, 세세하게

<ruby>説明<rt>せつ めい</rt></ruby> 설명

<ruby>正確<rt>せい かく</rt></ruby>に 정확히, 정확하게

▸詳しくは '상세하게'라는 뜻으로 내용을 구체적으로 알려 달라는 상황에서 쓸 수 있으며, 비슷한 표현으로 細かくも 사용할 수 있습니다.

A : 다나카 씨는 내일 축제에 가세요?

田中さんは明日の祭り行きますか。
た なか   あした まつ い

다나까상와 아시따노 마쯔리니 이끼마스까

B : 그거 말인데요 자세히 알려 주시겠어요?.

そのことですが詳しく教えてください
わ   おし
ますか。

소노 고또데스가 구와시꾸 오시에떼 구다사이마스까

A : 회사 앞 교차로에서 저녁에 축제가 있어요.

会社前の交差点で夕方祭りがある
かい しゃ まえ   こう さ てん ゆう がた まつ
んですよ。

가이샤마에노 고-사텐데 유-가따 마쯔리가 아룬데스요

B : 통행 금지되나요?

通行止めになりますか。
つう こう ど

쯔-꼬-도메니 나리마스까

A : 5시부터 자동차는 지나갈 수 없게 됩니다.

5時から車は通れなくなります。
じ   くるま とお

고지까라 구루마와 도-레나꾸 나리마스

B : 물어봐서 다행이에요.

聞いてよかったです。
き

끼-떼 요깟따데스

祭り 축제, 행사
まつ

交差点 교차로
こう さ てん

夕方 저녁 무렵
ゆう がた

通行止め 통행금지
つう こう ど

通る 통하다, 지나다
とお

일본은 祭り라는 축제를 즐깁니다. 각 계절에는 지역의 상황이나
まつ
특성에 맞는 다채로운 축제가 진행되며 학교나 직장 등의 소규모
단체뿐만 아니라 동네와 지역 등의 축제도 많이 있습니다.

★ 071 짐을 맡기고 싶습니다만..
荷物を預けたいんですが。
니모쯔오 아즈께따인데스가

★ 072 동전이 있습니까?
小銭ありますか。
고제니 아리마스까

★ 073 어떻게 가면 됩니까?
どう行ったらいいですか。
도-잇따라 이-데스까

★ 074 바래다 주실래요?
送ってもらえますか。
오꿋떼 모라에마스까

★ 075 한 번 더 말해 주시겠어요?
もう一度言ってくださいますか。
모- 이찌도 잇떼 구다사이마스까

★ 076 사진 한 장 찍어 주시겠어요?
写真を一枚撮ってくださいますか。
샤신오 이찌마이 돗떼 구다사이마스까

★ 077 자리를 바꿔 줄 수 있나요?
席を変わってもらえますか。
세끼오 가왓떼 모라에마스까

★ 078 방은 비어 있나요?
部屋は空いてますか。
헤야와 아이떼마스까

★ 079 도와줄 수 있나요?
手伝ってもらえますか。
데쯔닷떼 모라에마스까

★ 080 자세히 알려 주시겠어요?
詳しく教えてくださいますか。
구와시꾸 오시에떼 구다사이마스까

Part 09 직장

どんな仕事をされていますか。

돈나 시고또오 사레떼 이마스까

'어떤 일을 하고 계신가요?'라는 뜻입니다. 처음 만난 사람이나 격식이 필요한 상대방에게 하고 있는 일 또는 직업에 대해 질문할 때에 사용하는 표현입니다.

私は学校の教師です。

와따시와 각꼬-노 교-시데스

저는 학교 선생님입니다.

食堂を経営しています。

쇼꾸도-오 게-에-시떼 이마스

식당을 경영하고 있습니다.

工場で働いています。

고-죠-데 하따라이떼 이마스

공장에서 일하고 있습니다.

TIP

▶教師는 직업을 표현하는 '교사'라는 직업을 말합니다. 또한 先生은 '선생님'이라는 뜻이지만 이는 직업을 말하기보다는 한국어의 표현과 같이 상대방을 존중하는 의미로 사용됩니다.

☑ 직업은 무엇입니까?

職業は何ですか。

쇼꾸교-와 난데스까

☑ 회사를 경영하고 있습니다.

会社を経営しています。

가이샤오 게-에-시떼 이마스

☑ 무역 관련 일을 하고 있습니다.

貿易関係の仕事をしています。

보-에끼 간께-노 시고또오 시떼 이마스

☑ 가사가 제 일입니다.

家事が私の仕事です。

가지가 와따시노 시고또데스

단어

經営する 경영하다

職業 직종

貿易 무역

関係 관계

家事 가사

▶보통 일본어로 직업은 職業이라고 합니다. 일, 업무를 말할 때에는 仕事라는 단어를 주로 사용합니다.

A : 어떤 일을 하십니까?

どんな仕事をされていますか。
しごと

돈나 시고또오 사레떼 이마스까

B : 저는 프리터족입니다.

私はフリーターです。
わたし

와따시와 후리-타-데스

A : 어떤 일을 하고 있습니까?

何の仕事をしているんですか。
なん　しごと

난노 시고또오 시떼 이룬데스까

B : 아침은 신문배달을 하고 낮 동안은 식당에서 일합니다.

朝は新聞配達をして昼間は食堂で
あさ　しんぶんはいたつ　ひるま　しょくどう
働いています。
はたら

아사와 신분하이타쯔오 시떼 히루마와 쇼꾸도-데 하따라이떼 이마스

A : 힘들겠네요.

大変ですね。
たいへん

다이헨데스네

B : 최근 저처럼 프리터족이 늘고 있는 모양입니다.

最近私のようなフリーターが増えて
さいきんわたし　ふ
いるようです。

사이긴 와따시노요-나 후리-타-가 후에떼 이루요-데스

フリーター 프리터족

新聞配達 신문배달
しんぶんはいたつ

昼間 낮 동안
ひるま

フリーターは フリーアルバイター의 줄임말로, 정규직으로 취직하지 않고 아르바이트를 하면서 생계를 유지하는 사람입니다. 최근에는 '프리터족(freeter)'이라는 말로 불립니다.

職務は何ですか。

しょく む なん

쇼꾸무와 난데스까

'직무는 무엇인가요?'라는 뜻입니다. 대화 상대에게 현재 하고 있는 업무를
구체적으로 질문할 때에 사용하는 표현입니다. 업종을 질문하는 것이 아니라
실무적인 관점에서 질문하는 방법입니다.

営業です。

えい ぎょう

에-교-데스

영업입니다.

経理をしています。

けい り

게-리오 시떼 이마스

경리를 하고 있습니다.

会社の企画部にいます。

かい しゃ き かく ぶ

가이샤노 기까꾸부니 이마스

회사의 기획팀에 있습니다.

Part 09 직장

TIP

▶어떤 업무 등을 담당하는 것은 担当라고 하고 담당 업무를 하는 사람은 担当
たんとう   たんとう
者라고 합니다.
しゃ

☑ 기술직은 무척 매력이 있습니다.

技術職はとても魅力があります。

기쥬쯔쇼꾸와 도떼모 미료꾸가 아리마스

☑ 저는 경영에 맞습니다.

私は経営に向いています。

와따시와 게-에-니 무이떼 이마스

☑ 최근 담당하고 있던 직무가 바뀌었습니다.

最近担当していた職務が変わり
ました。

사이낀 단또-시떼 이따 쇼꾸무가 가와리마시다

☑ 여러가지 직무를 경험해 보고 싶습니다.

いろいろな職務を経験したいで
す。

이로이로나 쇼꾸무오 게-껜시따이데스

단어

技術職 기술직

魅力 매력

向く 향하다

担当 담당

▸ ~に向いては 사람의 성향이나 특성이 '~에 적합하
다' 또는 '~재능이 있다'라는 뜻입니다.

A : 구직활동을 하고 있습니까?
就職活動していますか。
슈-쇼꾸가쯔도-시떼 이마스까

B : 네. 하고는 있는데 좀처럼 정해지지 않아요.
はい。やってはいるんですが、なか
なか決まりません。
하이 얏떼와 이룬데스가 나까나까 끼마리마센

A : 이력서는 넣었습니까?
履歴書は出しましたか。
리레끼쇼와 다시마시다까

B : 3군데에 넣었습니다.
3ケ所に出しました。
산까쇼니 다시마시다

A : 희망하는 직무는 무엇입니까?
希望する職務は何ですか。
기보-스루 쇼꾸무와 난데스까

B : 기획직무를 희망하고 있습니다.
企画職務を希望しています。
기까꾸쇼꾸무오 기보-시떼이마스

단어

就職 취직

活動 활동

履歴書 이력서

希望する 희망하다

~ケ所는 장소 등의 개수를 말할 때에 사용하는 표현입니다. 특히 ケ는 カタカナ의 ケ와 비슷한 모양이지만 크기가 작으며 か로 발음합니다.

肩書きは何ですか。

かた が　　　　　なん

가따가끼와 난데스까

'직함은 무엇인가요?'라는 뜻입니다. 대화 상대에게 구체적인 직함이나 명함 등에 표시되는 업무 위치를 질문할 때에 사용하는 표현입니다. 비즈니스 관계 등에서 자주 사용되는 표현입니다.

この店の店長です。

みせ　　てん ちょう

고노 미세노 덴쬬-데스

이 가게의 점장입니다.

わたし　　えい ぎょう か ちょう

私は営業課長です。

와따시와 에-교-가쬬-데스

저는 영업과장입니다.

わたし　　　　　　ひら しゃ いん

私はただの平社員です。

와따시와 다다노 히라샤인데스

저는 평범한 회사원입니다.

TIP

▶일본에서는 가게나 상점 등에서 책임자를 店長라고 부릅니다. 또한, 일본에서는 한국어의 '부장님', '과장님' 등의 직책명과 '님'을 함께 사용하지 않으므로 次長이라는 말에 존칭어 さん 또는 様를 붙이지 않습니다.

☑ 어떤 직무를 맡고 계세요?

どんな役職に就いていますか。

돈나 야꾸쇼꾸니 쯔이떼 이마스까

☑ 지위가 있는 편이군요.

地位のある方ですね。

찌이노 아루 호-데스네

☑ 직함은 무엇입니까?

タイトルは何ですか。

타이토루와 난데스까

단어

役職 직무

就く 취임하다, 오르다

地位 지위

タイトル 타이틀, 제목

▶비즈니스 관계 등에서 상대방에게 타이틀을 질문하는 것은 명함 등에서 사용되는 지위나 직책을 묻는 것입니다. 이는 肩書き와 동일한 표현입니다.

Part 09 직장

A : 명함을 가지고 계십니까?

名刺をお持ちですか。

메-시오 오모찌데스까

B : 아 네 다나카라고 합니다.

あ、はい。田中と申します。

아 하이 다나까또 모-시마스

A : 고토라고 합니다.

後藤と申します。

고토-또 모-시마스

B : 고토 씨는 병원의 원장선생님입니까?

後藤さんは病院の院長先生ですか。

고토-상와 뵤-인노 인쵸-센세-데스까

A : 네. 작년에 개원했습니다.

はい。去年開院しまして…

하이 쿄넨 가이인시마시떼…

B : 저는 옆 동네에서 치과의사를 하고 있습니다.

私は隣町で歯科医師をしています。

와따시와 도나리마찌데 시까이시오 시떼 이마스

名刺 명함

病院 병원

院長 원장

先生 선생

開院 개원

隣町 옆 동네

歯科 치과

'명함'은 名刺입니다. 특히 비즈니스 관계 등에서 서로 '명함'을 교환하는 것은 名刺交換이라고 하는 것을 참고해 주시고 자주 사용되는 표현이므로 잘 알아 두시기 바랍니다.

274

出張はありますか。
しゅっ ちょう

숏쵸-와 아리마스까

'출장이 있습니까?'라는 뜻입니다. 비즈니스 관계 또는 업무상의 관계 등에서 상대방 등에게 업무와 관련한 출장이 있는지를 물어볼 때 사용하는 표현입니다.

時々あります。
とき どき

도끼도끼 아리마스

가끔 있습니다.

海外出張が多いですね。
かい がいしゅっちょう　おお

가이가이숏쵸-가 오-이데스네

해외출장이 많아요.

出張はほとんどありません。
しゅっ ちょう

숏쵸-와 호똔도 아리마센

출장은 거의 없습니다.

TIP

▶ ほとんどと는 '대부분' 또는 '거의'라는 뜻으로 사용됩니다. 어떤 정도나 상황이 완성에 가까워졌음을 의미하는 말이며 상황에 따라 殆ど라고도 사용된다는 것을 참고하세요.

☑ 출장뿐이라 거의 회사에 없습니다.

出張ばかりでほとんど会社にいません。

숫쵸-바까리데 호똔도 가이샤니 이마센

☑ 한 달 1번은 지방 출장 갑니다.

月一回は地方に出張します。

쯔끼 잇까이와 치호-니 숫쵸-시마스

☑ 출장이 많아서 힘듭니다.

出張が多くて大変です。

숫쵸-가 오-꾸떼 다이헨데스

☑ 출장지에서 관광했습니다.

出張先で観光しました。

숫쵸-사끼데 간꼬-시마시다

단어

月一回 월 1회

地方 지방

出張先 출장지

観光 관광

▶月一回과 같이 어떤 기간 중에 몇 회를 표현하는 방법입니다. 기간을 나타내는 말과 횟수를 함께 사용함을 알아 두세요.

A : 스즈키 씨 회사는 출장이 있습니까?

鈴木さんの会社は出張はありますか。

스즈끼상노 가이샤와 슛쵸-와 아리마스까

B : 필요에 따라서 출장을 합니다.

必要に応じて出張します。

히쯔요-니 오-지떼 슛쵸-시마스

A : 해외에도 출장 갑니까?

海外にも出張しますか。

가이가이니모 슛쵸-시마스까

B : 일 년에 한 번뿐이지만요.

年に1回くらいですけど。

넨니 잇까이 구라이데스께도

A : 해외여행이 가능해서 좋네요.

海外旅行ができていいですね。

가이가이료꼬-가 데끼떼 이-데스네

B : 그것이 은근히 바빠서 여행기분으로는 있을 수 없어요.

それが結構忙しくて旅行気分ではいられませんよ。

소레가 겟꼬- 이소가시꾸떼 료코-기분데와 이라레마센요

단어

必要 필요
ひつ よう

応じる 따르다
おう

旅行 여행
りょ こう

結構 만족스러운, 충분히
けっ こう

~に応じて는 '어떤 상황에 따라서'라는 뜻입니다. 주로 상황이나 조건에 따라서 변화되는 상황을 설명하는 표현입니다.
おう

社員旅行はありますか。
しゃ いん りょ こう

샤인료코-와 아리마스까

'사원여행이 있습니까?'라는 뜻입니다. 일본에서는 한국과 달리 소규모의
회사 등에서 사원여행을 하는 경우가 많이 있습니다. 지역과 시기에 따라 다
르지만 한국과는 다른 기업문화가 있음을 참고하시기 바랍니다.

年に1度あります。
ねん ど

넨니 이찌도 아리마스

일 년에 한 번 있습니다.

あるにはありますが希望者だ
き ぼう しゃ
け参加します。
さん か

아루니와 아리마스가 기보-샤다케 산까시마스

있기는 있지만 희망자만 참가
합니다.

うちの会社は家族ぐるみで社
かい しゃ か ぞく
員旅行に行きますよ。
いん りょ こう

우찌노 가이샤와 가조꾸구루미데 샤인료코-니 이
끼마스요

저희 회사는 가족 단위로 사원
여행을 갑니다.

TIP

▶~に行きますと '~을 하러 가다'의 뜻으로 사용되는 표현입니다. 가는 목적이
い
나 이유와 함께 사용되는 조사가 ~に라는 것을 알아 두시기 바랍니다.

☑ 사원여행의 출석사항을 체크합니다.

社員旅行の出欠をとります。

샤인료코-노 슛케쯔오 도리마스

☑ 사원여행은 어디로 갑니까?

社員旅行はどこへ行きますか。

샤인료코-와 도꼬에 이끼마스까

☑ 있기는 있습니다만 별로 가고 싶지 않습니다.

あるにはありますが、あまり行き たくありません。

아루니와 아리마스가 아마리 이끼따꾸 아리마센

☑ 회사 단위로 여행을 즐기고 있습니다.

会社ぐるみで旅行を楽しんでい ます。

가이샤구루미데 료코-오 다노신데 이마스

단어

▶あるにはありますが는 뒤에 부정적인 표현이 함께 사용되면서 '있기는 있지만' 결정 등은 부정적인 결과 를 표현할 때에 사용합니다.

社員旅行 사원여행

出欠 출결(출석과 결석)

A : 야마다 씨, 사원여행은 있습니까?

山田さん、社員旅行はありますか。

야마다상 샤인료코-와 아리마스까

B : 네. 거의 근처 온천에서 1박을 합니다.

はい。だいたい近辺の温泉で1泊します。

하이 다이따이 킨벤노 온센데 잇빠꾸시마스

A : 야마다 씨는 매번 참가합니까?

山田さんは毎回参加しますか。

야마다상와 마이까이 산까시마스까

B : 맞아요. 작년에는 가족도 동반했습니다.

そうですね。去年は家族も同伴しました。

소-데스네 쿄넨와 가조꾸모 도-한시마시다

A : 즐거울 것 같네요.

楽しそうですね。

다노시소-데스네

B : 네 느긋하게 온천에 들어가고 푹 쉬고 왔습니다.

はい。ゆっくり温泉に入って、くつろいで来ましたよ。

하이 윳꾸리 온센니 하잇떼 구쯔로이데 끼마시다요

近辺 근처, 가까운 곳

温泉 온천

去年 작년

同伴 동반

시간이나 때를 나타내는 명사와 毎를 함께 사용하면 그 때(시기)마다라는 뜻입니다. 毎日(매일), 毎晩(매일 밤), 毎月(매월), 毎回(매번)와 같이 사용할 수 있습니다.

仕事は順調ですか。
し ごと　　 じゅん ちょう

시고또와 쥰쵸-데스까

'일은 순조롭습니까?'라는 뜻입니다. 비즈니스 관계 또는 업무상의 관계 등에서 지인이나 상대방 등에게 업무 또는 하는 일이 순조롭게 진행되고 있는지를 물어볼 때 사용하는 표현입니다.

まずまずです।
마즈마즈데스

그럭저럭 괜찮습니다.

だいぶ調子に乗ってきました。
ちょう し　　の
다이부 쵸-시니 놋떼 끼마시따

상당히 흐름을 타고 있습니다.

最近不景気で大変です。
さい きん ふ けい き　　 たい へん
사이낀 후케-끼데 다이헨데스

최근 불경기로 힘듭니다.

TIP

▶ 調子に乗る라는 표현은 어떤 일이나 상황이 '순조롭게 진행되다'라는 뜻입니다. 調子는 일반적인 흐름이나 상태를 말하고 몸의 컨디션을 말할 때에도 사용합니다.

☑ 업무는 흐름을 타고 있으세요?

仕事は波に乗ってきましたか。

<ruby>仕<rt>し</rt></ruby><ruby>事<rt>ごと</rt></ruby>は<ruby>波<rt>なみ</rt></ruby>に<ruby>乗<rt>の</rt></ruby>ってきましたか。

시고또와 나미니 놋떼 끼마시따까

☑ 순조롭게 진행되고 있습니다.

順調に進んでいます。

<ruby>順調<rt>じゅんちょう</rt></ruby>に<ruby>進<rt>すす</rt></ruby>んでいます。

준쵸-니 스슨데 이마스

☑ 지극히 순조롭다고 말할 수 있습니다.

極めて順調だと言えます。

<ruby>極<rt>きわ</rt></ruby>めて<ruby>順調<rt>じゅんちょう</rt></ruby>だと<ruby>言<rt>い</rt></ruby>えます。

키와메떼 준쵸-다또 이에마스

☑ 좋지도 않고 나쁘지도 않은 그런 느낌입니다.

良くもなく悪くもないといった感じです。

<ruby>良<rt>よ</rt></ruby>くもなく<ruby>悪<rt>わる</rt></ruby>くもないといった<ruby>感<rt>かん</rt></ruby>じです。

요꾸모나꾸 와루꾸모나이또 잇따 간지데스

<ruby>波<rt>なみ</rt></ruby> 파도, 흐름

<ruby>順調<rt>じゅんちょう</rt></ruby> 순조로움

<ruby>極<rt>きわ</rt></ruby>めて 대단히, 매우

▶어떤 일이나 상황이 순조롭게 진행되고 있다는 것을 말할 때에는 보통 順調に進んでいる라고 하며, 비유적인 표현으로 波に乗った라고 할 수도 있는데 그 뜻은 '흐름을 탔다'입니다.

A : 야마모토 씨, 일은 순조롭습니까?

山本さん、仕事は順調ですか。

야마모또상 시고또와 쥰쵸-데스까

B : 덕분에 개점과 동시에 크게 번창했습니다.

お陰様で開店と同時に大繁盛です。

오까게사마데 가이뗀또 도-지니 다이한죠-데스

A : 그거 다행이네요.

それは何よりです。

소레와 나니요리데스

B : 생각한 것 이상의 반응이어서…

思った以上の反響で…

오못따 이죠노 한쿄-데

A : 기쁜 비명이네요.

うれしい悲鳴ですね。

우레시- 히메-데스네

B : 꼭 야마모토 씨도 한번 와 주세요.

ぜひ山本さんも一度おいでください。

제히 야마모또상모 이찌도 오이데 구다사이

단어

同時に 동시에

繁盛 번성, 번영

反響 반응, 메아리

悲鳴 비명

お陰様で는 '덕분에'라는 뜻입니다。이는 어떤 사람이나 상황이
원인이 되거나 영향을 받아 긍정적인 결과가 나올 때에 사용되는
표현입니다。참고로 お陰で로도 사용됩니다。

職員がどのくらいいますか。

しょく いん

쇼꾸인가 도노구라이 이마스까

'직원이 어느 정도 있습니까?'라는 뜻입니다. 비즈니스 관계 또는 업무상의 관계 등에서 지인이나 상대방 등에게 근무하는 곳에서 함께 일하는 직원이 몇 명이나 있는지를 물어볼 때 사용하는 표현입니다.

私の家族が職員です。
わたし か ぞく しょく いん

와따시노 가조꾸가 쇼꾸인데스

저희 가족이 직원입니다.

規模が小さくて20人程度です。
き ぼ   ちい   にん てい ど

기보가 찌-사꾸떼 니쥬-닌 테-도데스

규모가 작아서 20명 정도입니다.

今年は去年の2倍になって100人前後ですね。
こ とし きょ ねん ばい   にん ぜん ご

고토시와 쿄넨노 니바이니 낫떼 햐꾸닌 젠고데스네

올해는 작년의 2배가 되어서 100명 전후입니다.

TIP

▶ ~前後는 '~전후'라는 뜻으로, 수량이나 상황의 정도를 가늠할 수 있는 범위를 나타낼 때에 사용하는 표현입니다. 이때 앞의 말은 그 범위를 나타내는 말이 사용된다는 것을 알아 두시고 자주 사용됩니다.
ぜん ご

☑ 직장에서 몇 명 정도 일하고 있습니까?

職場で何人くらい働いています
か。

쇼꾸바데 난닝구라이 하따라이떼 이마스까

☑ 몇 명이서 일을 하고 있습니까?

何人で仕事をしていますか。

난닝데 시고또오 시떼 이마스까

☑ 직원 수는 어느 정도입니까?

職員の数はどのくらいですか。

쇼꾸인노 가즈와 도노구라이데스까

☑ 직원을 어느 정도 고용하고 있습니까?

職員をどのくらい雇用しています
か。

쇼꾸인오 도노구라이 고요-시떼 이마스까

▶ '일하다'라는 표현은 働く라는 동사를 사용합니다만,
보통 회화에서는 仕事する라는 단어를 더욱 많이 사용
합니다.

단어

働く 일하다, 근무하다

数 수, 숫자

雇用 고용

Part 09 직장

A : 야마다 씨의 직장에는 직원이 어느 정도 있습니까?
山田さんの職場には職員がどのくらいいますか。

야마다상노 쇼꾸바니와 쇼꾸인가 도노구라이 이마스까

B : 올해는 신입사원을 많이 채용해서 50명 가까이 되었습니다.
今年は新人社員をたくさん採用して50人近くになりました。

고토시와 신진샤인오 다꾸상 사이요-시떼 고쥬-닌찌까꾸니 나리마시다

A : 회사 규모가 커졌군요.
会社の規模が大きくなりましたね。

가이샤노 기보가 오-끼꾸 나리마시따네

B : 젊은 사람이 늘어서 일에 활력이 생겼습니다.
若い人が増えて仕事に活気が出てきました。

와까이 히또가 후에떼 시고또니 각끼가 데떼 끼마시다

A : 야마다 씨도 힘이 나시겠네요.
山田さんも精が出ますね。

야마다상모 세-가 데마스네

B : 아직은 젊은 사람한테 질 수 없습니다.
まだまだ若者には負けていられません。

마다마다 와까모노니와 마께떼 이라레마센

단어

新人社員 신입사원

採用する 채용하다

若者 젊은 사람

活気 활기

精が出る 힘이 나다

若者 젊은이, 젊은 사람

精が出る는 '힘이나 기운이 나다'라는 뜻입니다. 精는 힘의 원천이나 에너지 등을 나타내는 말입니다.

職場はどこですか。
しょく ば

쇼꾸바와 도꼬데스까

'직장은 어디인가요?'라는 뜻입니다. 상대방에게 직장의 위치를 질문할 때에 사용하는 표현입니다. 새롭게 만난 사람 등과 친분을 쌓기 위해 필요한 대화 중의 하나입니다.

ここからバスで15分行った所
ふん い   ところ
にあります。

고꼬까라 바스데 쥬-고훈 잇따 도꼬로니 아리마스

여기서부터 15분 떨어진 곳에 있습니다.

隣町です。
となり まち

도나리마찌데스

옆 동네입니다.

東京駅の近くです。
とう きょう えき ちか

도-쿄-에끼노 찌까꾸데스

도쿄역 근처입니다.

TIP

▶バスでは '버스로'라는 뜻으로, 교통수단 등의 방법을 말할 때에는 그 방법적인 수단과 함께 조사 ~で를 사용합니다.

☑ 도쿄역 건너편 쪽에 있는 건물 안에 있습니다.

東京駅の向かい側にある建物の中にあります。

도-쿄-에끼노 무까이가와니 아루 다떼모노노 나까니 아리마스

☑ 제 직장은 집에서 차로 20분 정도 떨어진 공장입니다.

私の職場は自宅から車で20分くらい離れた工場です。

와따시노 쇼꾸바와 지타꾸까라 구루마데 니줏뿐구라이 하나레따 고-죠데스

☑ 옆 마을 병원입니다.

隣町の病院です。

도나리마찌노 뵤-인데스

☑ 저는 집에서 일을 하고 있습니다.

私は自宅で仕事をしています。

와따시와 지타꾸데 시고또오 시떼 이마스

단어

向かい側 건너편

建物 건물

離れた 떨어진

自宅 자택, 집

▶위치를 나타내는 표현 중 ~の向かい側는 '~의 정면' 또는 '~의 건너편'이라는 뜻으로 사용됩니다. 한편 '~옆' 또는 '~주변'은 ~隣, ~横, 또는 ~の側를 사용할 수 있습니다.

A : 스즈키 씨의 직장은 어디입니까?

鈴木さんの職場はどこですか。

스즈끼상노 쇼꾸바와 도꼬데스까

B : 저는 친정에서 일을 하고 있습니다.

私は実家で仕事をしています。

와따시와 짓까데 시고또오 시떼 이마스

A : 스즈키 씨는 친정에서 어떤 일을 하고 있습니까?

鈴木さんの実家でどんな仕事をして
いるんですか。

스즈끼상노 짓까데 돈나 시고또오 시떼 이룬데스까

B : 저희는 대대적으로 전해지는 전통 공예품을 만들어요.

うちは代々伝わる伝統工芸品を作
っているんです。

우찌와 다이다이 쯔따와루 덴또-고-게-힌오 쯔꿋떼 이룬데스

A : 대단하네요. 친정은 멀어요?

すごいですね。実家は遠いですか。

스고이데스네 짓까와 토-이데스까

B : 버스로 10분 떨어진 곳에 있습니다.

バスで10分離れたところにあります。

바스데 줏뿐 하나레따 도꼬로니 아리마스

단어

実家 고향, 친정
じっか

代々 대대로
だいだい

伝わる 전해지다
でん

伝統 전통
でん とう

工芸品 공예품
こう げい ひん

実家는 한국어의 '본가'에 해당하는 표현으로 현재 거주하고 있는
집이 아닌 '부모님이 계시는 집'이나 '고향집'을 의미합니다.

勤務時間はどうなって
いますか。

きん む じ かん

긴무지깐와 도-낫떼 이마스까

'근무시간은 어떻게 되나요?'라는 뜻입니다. 상대방의 직장에서의 근무 시간을 질문할 때에 사용하는 표현입니다. 새롭게 만난 사람 등과 친분을 쌓기 위해 필요한 대화 중 하나입니다.

9時から18時までです。

じ　　　　　じ

구지까라 쥬-하찌지마데데스

9시부터 18시까지입니다.

休憩時間を含めて8時間勤務
です。

きゅうけい じ かん　ふく　　　　 じ かんきん む

규-께-지깐오 후꾸메떼 하찌지깐 긴무데스

휴식시간을 포함해서 8시간
근무입니다.

私は自営業なので勤務時間に
自由があります。

わたし　 じ えいぎょう　　　　　 きん む じ かん

じ ゆう

와따시와 지에-교-나노데 긴무지깐니 지유-가 아리마스

저는 자영업이어서 근무시간
에 자유가 있습니다.

TIP

▶앞에서 설명했듯이 공간이나 시간의 시작과 끝의 범위를 나타내는 표현은 ~から …まで를 사용합니다. 시작의 시간이나 장소에 ~から를 써서 '~부터'라는 의미로 사용하며 종료되는 시간이나 장소에 …まで를 써서 '…까지'라는 뜻으로 사용할 수 있습니다.

☑ 노동시간은 어떻게 되어 있습니까?

労働時間はどうなっていますか。
<ruby>労<rt>ろう</rt></ruby><ruby>働<rt>どう</rt></ruby><ruby>時<rt>じ</rt></ruby><ruby>間<rt>かん</rt></ruby>

로-도-지깐와 도-낫떼 이마스까

☑ 휴식시간은 근무 시간에 포함되어 있습니다.

休憩時間は勤務時間に含まれます。

규-께-지깐와 긴무지깐니 후꾸마레마스

☑ 가끔 잔업도 합니다.

時々残業もします。

도끼도끼 잔교-모 시마스

☑ 제 일은 그다지 근무 시간에 속박되지 않습니다.

私の仕事はあまり勤務時間に束縛されません。

와따시노 시고또와 아마리 긴무지깐니 소꾸바꾸사레마센

▶時々는 '때때로' 또는 '가끔'이라는 뜻으로 사용됩니다. 규칙적이지는 않으나 횟수적인 면으로는 적지 않은 범위를 말할 때에 사용합니다.

단어

労働 노동

休憩 휴게

残業 잔업

束縛 속박

A : 다나카 씨의 근무 시간은 어떻게 되어 있습니까?

田中さんの勤務時間はどうなっていますか。

다나까상노 긴무지깐와 도-낫떼 이마스까

B : 저는 간호사여서 2교대제입니다.

私は看護婦なので二交代制です。

와따시와 간고후나노데 니코-타이세-데스

A : 야근이 있습니까?

夜勤があるんですか。

야낀가 아룬데스까

B : 네. 야근 다음 날은 쉽니다.

はい。夜勤明けは休みになります。

하이 야낀아께와 야스미니 나리마스

A : 건강 관리가 필요하겠네요.

体調管理が必要ですね。

타이쵸-간리가 히쯔요-데스네

B : 충분히 수면을 취하도록 신경 쓰고 있습니다.

十分睡眠をとるように心がけています。

쥬-분 수이민오 도루요-니 고꼬로가께떼 이마스

看護婦 간호사

交代制 교대제

夜勤 야근

体調管理 건강관리

睡眠 수면, 잠

心がける는 '항상 주의하다' 또는 '명심하다'라는 뜻입니다.

気の合う同僚はいますか。

기노아우 도-료와 이마스까

'마음이 맞는 동료가 있습니까?'라는 뜻입니다. 비즈니스 관계 또는 업무상의 관계 등에서 지인이나 상대방 등에게 근무하는 곳에서 함께 일하는 직원과의 관계를 물어볼 때 사용하는 표현입니다.

同じ部署に気の合う同僚がいます。

오나지 부쇼니 기노아우 도-료-가 이마스

같은 부서에 마음이 맞는 동료가 있습니다.

仕事上では同僚と上手くやっています。

시고또죠-데와 도-료-또 우마꾸 얏떼 이마스

업무상으로 동료와 잘 맞추어 일하고 있습니다.

それほど気の合う同僚はいません。

소레호도 기노아우 도-료와 이마센

그렇게 마음이 맞는 동료는 없습니다.

TIP

▸ それほど는 '그만큼' 또는 '그 정도로'라는 뜻을 가지고 있으며 긍정의 표현 또는 부정의 표현과 함께 사용될 때 함께 쓰는 말에 따라서 그 의미를 강조하는 역할이 달라집니다.

Part 09 직장

☑ 마음이 맞는 동료는 있습니까?

気の合う仲間はいますか。

기노아우 나까마와 이마스까

☑ 마음이 맞는 동료가 많이 있습니다.

気の合う同僚がたくさんいます。

기노아우 도-료-가 다꾸상 이마스

☑ 마음이 맞는 동료와 일을 하면 잘 된다.

気の合う人と仕事をするとうまくいく。

기노아우 히또또 시고또오 스루또 우마꾸 이꾸

☑ 마음이 맞는 친구를 원합니다.

気の合う友達が欲しいです。

기노아우 도모다찌가 호시-데스

단어

気の合う 마음이 맞다

仲間 동료, 동지

同僚 동료

▶ 仲間는 어떤 조직이나 동호회 등에서 함께 어울리는
동료를 말하는 경우가 많으며, 同僚는 주로 일이나 업
무적인 관계의 동료를 말합니다.

A : 요즘 일로 스트레스가 쌓여서…

最近仕事でストレスが溜まって…

사이낀 시고또데 스토레스가 다맛떼

B : 직장에 마음이 맞는 동료는 있습니까?

職場に気の合う同僚はいますか。

쇼꾸바니 기노아우 도-료와 이마스까

A : 마음이 맞는 동료가 다른 부서로 갔습니다.

気の合う同僚が違う部署へ行ったんです。

기노아우 도-료-가 찌가우부쇼에 잇딴데스

B : 외로워졌군요.

寂しくなりましたね。

사비시꾸 나리마시다네

A : 동료의 힘은 커요.

同僚の力は大きいです。

도-료-노 찌까라와 오-끼-데스

B : 또 마음이 맞는 동료를 찾을 수 있으면 좋겠네요.

また気の合う同僚を探せるといいですね。

마따 기노아우 도-료-오 사가세루또 이-데스네

単어

溜まる 쌓이다

部署 부서

寂しい 외로운, 쓸쓸한

探す 찾다, 구하다

어떤 사람 또는 상황과 자신이 잘 어울리거나 적합한 상황임을 나타내는 표현으로 気の合う라는 말을 사용합니다.

295

★ 081 어떤 일을 하고 계신가요?
どんな仕事をされていますか。
돈나 시고또오 사레떼 이마스까

★ 082 직무는 무엇인가요?
職務は何ですか。
쇼꾸무와 난데스까

★ 083 직함은 무엇인가요?
肩書きは何ですか。
가따가끼와 난데스까

★ 084 출장이 있습니까?
出張はありますか。
슛쵸-와 아리마스까

★ 085 사원여행이 있습니까?
社員旅行はありますか。
샤인료코-와 아리마스까

★ 086 일은 순조롭습니까?
仕事は順調ですか。
시고또와 쥰쵸-데스까

★ 087 직원이 어느 정도 있습니까?
職員がどのくらいいますか。
쇼꾸인가 도노구라이 이마스까

★ 088 직장은 어디인가요?
職場はどこですか。
쇼꾸바와 도꼬데스까

★ 089 근무시간은 어떻게 되나요?
勤務時間はどうなっていますか。
긴무지깐와 도-낫떼 이마스까

★ 090 마음이 맞는 동료가 있습니까?
気の合う同僚はいますか。
기노아우 도-료와 이마스까

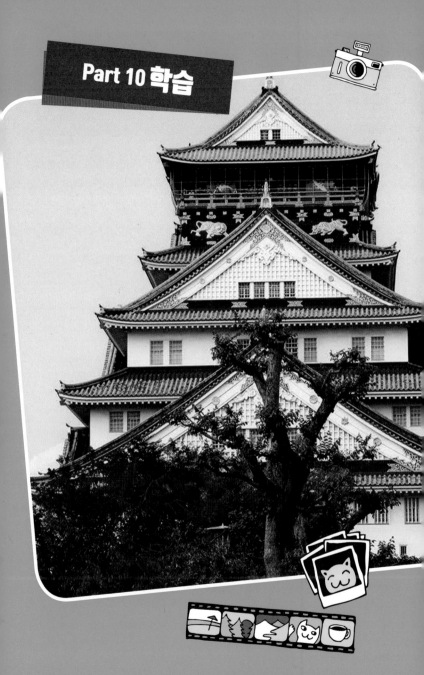

Part 10 학습

何か質問ありますか。

なに　　しつ　もん

나니까 시쯔몬 아리마스까

'뭔가 질문 있나요?'라는 뜻입니다. 상대방에게 어떤 상황이나 내용에 대해 질문이 있는지를 물어볼 때에 사용하는 표현입니다.

特にありません。
とく

토꾸니 아리마센

특별히 없습니다.

ちょっと聞いてもいいですか。
き

춋또 끼-떼모 이-데스까

좀 물어봐도 되겠습니까?

すみませんが、この問題の意味がよくわかりません。
もん　だい　い
み

스미마센가 고노 몬다이노 이미가 요꾸 와까리마센

죄송하지만 이 문제의 뜻을 잘 모르겠습니다.

TIP

▶すみませんが…는 '미안하지만…'이라는 뜻으로 사용되는 말입니다. 일반적으로 미안하다는 표현으로 사용되지만, 일상생활에서나 상점 등에서 상대방을 호출할 때에도 관용적으로 사용됩니다.

☑ 다른 질문은 없습니까?

他^{ほか}に質問^{しつもん}はありませんか。

호까니 시쯔몬와 아리마셍까

☑ 잠시 질문을 해도 되겠습니까?

ちょっと質問^{しつもん}してもいいですか。

춋또 시쯔몬시떼모 이-데스까

☑ 잠시 질문하고 싶은데요.

ちょっと質問^{しつもん}したいんですけど。

춋또 시쯔몬 시따인데스께도

☑ 이 문제의 뜻이 전혀 이해가 안 됩니다.

この問題^{もんだい}の意味^{いみ}が全^{まった}く理解^{りかい}できません。

고노 몬다이노 이미가 맛따꾸 리까이데끼마셍

단어

質問^{しつもん} 질문

意味^{いみ} 의미

全^{まった}く 전혀

理解^{りかい} 이해

▶全^{まった}くは '전혀'라는 뜻으로 사용되는 단어입니다. 비슷한 표현으로 앞에서도 설명한 全然^{ぜんぜん}이라는 단어가 있습니다.

A : 수업은 여기까지 하겠습니다. 뭔가 질문 없습니까?

授業はここまでにします。何か質問
ありますか。

쥬교-와 고꼬마데니 시마스 나니까 시쯔몬 아리마스까

B : 선생님, 질문인데요.

先生。質問なんですけど。

센세- 시쯔몬난데스케도

A : 네, 뭔가요.

はい、何ですか。

하이, 난데스까

B : 환율결정이론을 잘 모르겠습니다.

為替決定理論がよくわかりません。

가와세겟떼-리론가 요꾸 와까리마센

A : 설명하면 길어질 테니 교무실로 와 주세요.

説明したら長くなりそうなので、職員
室まで来てください。

세쯔메-시따라 나가꾸나리소-나노데 쇼꾸인시쯔마데 끼떼
구다사이

B : 알겠습니다.

わかりました。

와까리마시다

為替 환율

決定 결정

理論 이론

職員室 직원실, 교무실

상대방에게 '잠시만'이라고 양해를 구할 때 쓰는 표현으로 ちょっ
と가 있는데, 위의 예문과 같이 쉽게 말을 꺼내지 못하는 상황에서
'좀' 또는 '약간'이라는 뜻으로도 사용합니다.

専攻は何ですか。

せん こう　　なん

센코-와 난데스까

'전공이 뭔가요?'라는 뜻입니다. 상대방 또는 지인에게 대학 등에서의 공부한 전공을 물어볼 때에 사용하는 표현입니다. 새롭게 만난 사람 등과 친분을 쌓기 위해 필요한 대화 중의 하나입니다.

日本語です。
に ほん ご
니혼고데스

일본어입니다.

私は日本語学科で日本語を勉強しています。
わたし　に ほん ご がっ か　に ほん ご　べん きょう
와따시와 니혼고각까데 니혼고오 벤쿄-시떼 이마스

저는 일본어학과이고 일본어를 공부하고 있습니다.

私は韓国語を専攻しています。
わたし　かん こく ご　せん こう
와따시와 간꼬꾸고오 센코-시떼 이마스

저는 한국어를 전공하고 있습니다.

TIP

▶일반적으로 학습을 목적으로 하는 '공부하다'는 勉強する라는 말을 사용합니다만, 어떤 학습이나 기술 등을 습득한다는 뜻으로 말하고자 할 때는 学ぶ라는 단어를 사용합니다.
べんきょう
まな

Part 10 학습

☑ 어느 학부입니까?

何学部ですか。
<small>なに がく ぶ</small>

나니 가꾸부데스까

☑ 무엇을 전공하고 있나요?

何を専攻していますか。
<small>なに せん こう</small>

나니오 센꼬-시떼 이마스까

☑ 학과는 무엇입니까?

学科は何ですか。
<small>がっ か なん</small>

각까와 난데스까

☑ 어떤 공부를 하고 있습니까?

どんな勉強をしていますか。
<small>べん きょう</small>

돈나 벤꾜-오 시떼 이마스까

단어

学部 학부
<small>がく ぶ</small>

専攻 전공
<small>せん こう</small>

学科 학과
<small>がっ か</small>

勉強 공부
<small>べん きょう</small>

▶専攻する은 학문적인 내용을 공부한다는 '전공하다'
라는 뜻이며, 일반적인 '공부하다'는 勉強する를 사용
한다는 것을 알아 두시기 바랍니다.

302

A : 야마모토 씨의 전공은 무엇입니까?

山本さんの専攻は何ですか。

야마모또상노 센코-와 난데스까

B : 저는 일본어를 전공하고 있습니다.

私は日本語を専攻しています。

와따시와 니혼고오 센꼬-시떼 이마스

A : 국제학부 일본어학과입니까?

国際学部日本語学科ですか。

고꾸사이가꾸부 니혼고각까데스까

B : 네.

はい。

하이

A : 어떤 것을 배웁니까?

どんなことを学んでいますか。

돈나 고또오 마난데 이마스까

B : 주로 일본어와 일본 문학를 배웁니다.

主に日本語と日本文学を学んでい
ます。

오모니 니혼고또 니혼고분까오 마난데 이마스

国際 국제

学ぶ 배우다, 가르침을
받다

主に 주로

文学 문학

한국과 마찬가지로 일본에서도 대학교 과정을 学部라고 하며 대
학원 과정을 '석사(修士)' 및 '박사(博士)'로 말합니다.

塾に通っていますか。

쥬꾸니 가욧떼 이마스까

'학원에 다니고 있습니까?'라는 뜻입니다. 일본에서도 한국과 마찬가지로 각종 수험 준비를 위하여 학원을 다닙니다. 일본어로 '학원'을 나타내는 말은 塾입니다.

通っています.

가욧떼 이마스

다니고 있습니다.

私は通っていません.

와따시와 가욧떼이마센

저는 다니고 있지 않습니다.

以前は塾に通っていました.

이젠와 쥬꾸니 가욧떼 이마시다

이전에는 학원에 다녔었습니다.

TIP

▶규칙적으로 어떤 장소에 다닌다는 표현을 할 때에 通う라는 단어를 사용합니다. 이는 일회성이 아닌 정기적인 방문을 의미합니다.

☑ 학원에서 무엇을 공부하고 있습니까?

塾で何を勉強していますか。

쥬꾸데 나니오 벤쿄-시떼 이마스까

☑ 몇 개의 학원을 다니고 있습니까?

いくつの塾に通っていますか。

이꾸쯔노 쥬꾸니 가욧떼 이마스까

☑ 학원에서 어떤 과목을 공부합니까?

塾でどんな科目を勉強していま
すか。

쥬뀨데 돈나 가모꾸오 벤쿄-시떼 이마스까

☑ 학원에 다닌 적이 있습니까?

塾に通ったことがありますか。

쥬꾸니 가욧따 고또가 아리마스까

▶ 동사의 과거형과 함께 ~ことがありますか라고 하면
동사의 경험을 한 적이 있는지를 질문하는 것입니다.

단어

塾 학원

科目 과목

A : 다나카 씨는 학원에 다니고 있습니까?

田中さんは塾に通っていますか。

다나까상와 쥬꾸니 가욧떼 이마스까

B : 다니고 있어요.

通っていますよ。

가욧떼 이마스요

A : 어떤 학원을 다니고 있습니까?

どんな塾に通っていますか。

돈나 쥬꾸니 가욧떼 이마스까

B : 영어 학원을 다니고 있습니다.

英語の塾に通っています。

에이고노 쥬꾸니 가욧떼 이마스

A : 영어회화입니까?

英会話ですか。

에-까이고데스까

B : 아니요. 영어 시험 1급을 목표로 공부하고 있습니다.

いいえ。英検1級を目指して勉強しています。

이-에 에-껭잇뀨-오 메자시떼 벤꾜-시떼 이마스

英語 영어

英会話 영어회화

英検 영어 검증 시험

1級 1급

目指す 목표로 하다

目指す는 '목표를 가지다'라는 뜻으로 자주 사용되는 표현입니다.

課題はいつまで提出ですか。
か　だい　　　　　　　　　　てい しゅつ

가다이와 이쯔마데 테-슈쯔데스까

'과제 제출은 언제까지인가요?'라는 뜻입니다. 학교나 회사 등의 업무에서 과제를 제출하는 기한에 대해 문의하는 표현방법입니다.

明日の授業の前に提出したら
あ　し　た　　じゅ ぎょう　　まえ　　　てい しゅつ
いいそうです。

내일 수업 전에 제출하면 괜찮은 것 같아요.

아시따노 쥬교-노 마에니 테-슈쯔시따라 이-소-데스

今週末までででしたよ。
こん しゅう まつ

이번 주말까지였습니다.

곤슈-마쯔마데데시다요

あ、課題があったのをすっかり
か　だい
忘れていました。
わす

아, 과제가 있었다는 것을 깜박 잊고 있었습니다.

아 가다이가 앗따노오 숫까리 와스레떼 이마시다

TIP

▶すっかり는 어떤 상황이나 내용을 모두 포함하는 범위로 '온통' 또는 '완전히' 등의 의미로 사용됩니다. 긍정문 또는 부정문에 모두 사용되어 내용을 강조할 때에 사용하는 표현입니다.

☑ 과제 제출기간은 언제입니까?

かだいていしゅつ　きげん
課題提出の期限はいつですか。

가다이테-슈쯔노 기깐와 이쯔데스까

☑ 언제까지 과제를 제출하지 않으면 안 됩니까?

かだい　　ていしゅつ
いつまでに課題を提出しなければなりませんか。

이쯔마데니 가다이오 테-슈쯔시나께레바 나리마센까

☑ 다음 달 말까지입니다.

らいげつまつ
来月末までです。

라이게쯔마쯔마데데스

☑ 과제에 대한 걸 깜빡 잊고 있었습니다.

かだい　　　　　どわす
課題のことを度忘れしてしまいました。

가다이노 고또오 도와스레시떼 시마이마시다

단어

ていしゅつ
提出 제출

きげん
期限 기한

らいげつ
来月 다음 달

どわす
度忘れする 깜빡 잊다

▸어떤 기간의 마감을 나타내는 말은 期限입니다. 일반적인 '마감'은 締切り라고 합니다. 이는 정해져 있는 마감이나 마감 일자를 말할 때에 사용합니다.

A : 야마모토 씨, 과제 제출은 언제까지입니까?

山本さん、課題はいつまで提出ですか。

야마모또상 가다이와 이쯔마데 테-슈쯔데스까

B : 제가 알기로는 이번 달 말까지입니다.

私の知る限りでは今月末までですね。

와따시노 시루가기리데와 곤게쯔마쯔마데데스네

A : 야마모토 씨는 벌써 과제를 제출했습니까?

山本さんはもう課題を提出しましたか。

야마모또상와 모- 가다이오 테-슈쯔시마시따까

B : 내일 제출하려고 생각합니다.

明日提出しようと思っています。

아시따 테-슈쯔시요-또 오못떼 이마스

A : 참고로 조금만 봐도 되겠습니까?

参考にちょっとだけ見せてもらってもいいですか。

산꼬-니 춋또다게 미세떼 모랏떼모 이-데스까

B : 제 걸로 괜찮다면 여기요.

私のでよければどうぞ。

와따시노데 요께레바 도-조

단어

知る限り 하는 한

月末 월말

参考 참고

~でよければ는 '~로 괜찮다면'이라는 뜻으로, 앞에는 이유나 요건의 내용을 함께 사용합니다.

習い事をしていますか。
나라이 고또오 시떼 이마스까

'배우고 있는 것이 있나요?'라는 뜻입니다. 상대방 또는 지인에게 어떤 것을 배우고 있는지를 물어볼 때에 사용하는 표현입니다. 지인이나 동료 등과 친분을 쌓기 위해 필요한 대화 중의 하나입니다.

小さいころからピアノを習っています。
찌-사이 고로까라 피아노오 나랏떼 이마스

어렸을 때부터 피아노를 배웠습니다.

小学生の時から書道を習っています。
쇼-각세-노 도끼까라 쇼도-오 나랏떼 이마스

초등학생 때부터 서예를 배웠습니다.

子供の頃はスイミングをして体を鍛えましたけどね。
고도모노 고로와 스이밍구오 시떼 가라다오 기따에 마시따께도네

어린 시절은 수영을 해서 몸을 단련시켰었는데 말이죠.

TIP

▶ 習い事는 취미나 여가 생활을 위한 목적으로 배우는 것을 의미하며, 앞에서 설명한 塾는 주로 학습을 목적으로 하는 것의 차이가 있다는 것을 알아 두시기 바랍니다.

☑ 초등학생 때 계속 주산을 배웠었습니다.

小学生の頃ずっとそろばんを習っていました。

쇼-각세-노 고로 줏또 소로반오 나랏떼 이마시다

☑ 그림을 그리는 것을 좋아해서 그림교실을 다닙니다.

絵を描くのが好きで絵画教室に通っています。

에오 가꾸노가 스끼데 가이가쿄-시쯔니 가욧떼 이마스

☑ 요가를 배우기 시작했습니다.

ヨガを習い始めました。

요가오 나라이하지메마시다

☑ 최근 피트니스에서 몸을 단련하고 있습니다.

最近フィットネスで体を鍛えています。

사이낀 휫또네스데 가라다오 끼따에떼 이마스

단어

小学生 초등학생

鍛える 단련하다, 숙련시키다

そろばん 주판

ヨガ 요가

フィットネス 피트니스

▶일본의 교육시스템 중 한국의 초등학교에 해당하는 것은 **小学校**라고 합니다. 또한 중학교는 **中学校**, 고등학교는 **高等学校**라고 합니다.

A : 스즈키 씨는 뭔가 배우고 있는 것이 있나요?

鈴木さんは何か習い事をしていますか。

스즈끼상와 나니까 나라이고또오 시떼 이마스까

B : 저는 저번 달에 영어회화교실에 등록하고 왔습니다.

私は先月英会話教室に登録してきました。

와따시와 센게쯔 에-까이와 교-시쯔니 도-로꾸시떼 끼마시다

A : 영어회화를 배워서 뭘 하고 싶습니까?

英会話を習って何がしたいですか。

에-까이와오 나랏떼 나니가 시따이데스까

B : 먼저 해외여행입니다.

まずは海外旅行です。

마즈와 가이가이료코-데스

A : 배운 영어회화를 금방 활용하시네요.

習った英会話をすぐに生かせますね。

나랏따 에-까이와오 스구니 이까세마스네

B : 아직 시작한 참이에요.

まだ始めたばかりですよ。

마다 하지메따바까리데스요

단어

習い事 배우는 것

登録する 등록하다

習う 배우다, 습득하다

生かす 활용하다

앞에서 ~ばかり는 동사의 기본형과 함께 사용할 경우 그 동작만 한다는 뜻이고, 동사의 과거형과 함께 사용할 경우 그 동작을 금방 완료한 상태임을 설명하였습니다. 위의 본문에서는 금방 동작을 완료한 상태를 의미합니다.

日本語は難しいですか。

니혼고와 무즈까시-데스까

'일본어는 어렵나요?'라는 뜻입니다. 상대방에게 일본어가 어려운지를 물어 보는 표현입니다. 어떤 내용이나 상황이 어려운지를 질문하는 방법을 익혀 봅 시다.

難しいですが韓国語に似てい るところもあります。

무즈까시-데스가 간꼬꾸고니 니떼 이루 도꼬로모 아리마스

어렵습니다만 한국어와 비슷 한 부분도 있습니다.

漢字が難しいです。

간지가 무즈까시-데스

한자가 어려워요.

韓国語より易しいです。

간꼬꾸고요리 야사시-데스

한국어보다 쉬워요.

TIP

▶ 易しい는 어떤 내용의 난이도에 대한 내용과 함께 사용하여 '쉽다'라는 뜻으로 사용됩니다.

☑ 한국어와 발음이 비슷한 것도 있습니다.

韓国語の発音と似ているものが
あります。

간꼬꾸고노 하쯔온또 니떼이루모노가 아리마스

☑ 한자를 자주 사용합니다.

漢字がよく使われます。

간지가 요꾸 쯔까와레마스

☑ 한자에는 읽는 법이 여러가지 있습니다.

漢字には読み方がいろいろあり
ます。

간지니와 요미가따가 이로이로 아리마스

☑ 한국어보다 일본어 쪽이 간단합니다.

韓国語より日本語の方が簡単で
す。

간꼬꾸고오리 니혼고노 호-가 간딴데스

단어

韓国語 한국어

発音 발음

漢字 한자

読み方 읽는 방법

簡単 간단

▶일본어는 한국어와 마찬가지로 한자어를 사용하고 있
으며 한자어를 표기하여 읽는 방법(読み方)이 여러 가
지가 있습니다.

314

A : 승현 씨 일본어는 어렵나요?

スンヒョンさん、日本語は難しいで
すか。

슨혼상 니혼고와 무즈까시-데스까

B : 아직 모르는 말이 많이 있습니다.

まだわからない言葉がたくさんあり
ます。

마다 와까라나이 고또바가 다꾸상 아리마스

A : 무엇이 가장 어렵나요?

何が一番難しいですか。

나니가 이찌방 무즈까시-데스까

B : 한자 읽는 법이요.

漢字の読み方です。

간지노 요미가따데스

A : 한자 읽는 법이 몇 가지 있어서 혼동하기 쉽죠.

漢字の読み方がいくつもあって紛ら
わしいですよね。

간지노 요미가따가 이꾸쯔모 앗떼 마기라와시-데스요네

B : 열심히 외울 수밖에 없어 보이네요.

一生懸命覚えるしかないですね。

잇쇼-켄메- 오보에루시까나이데스네

紛らわしい 혼동하기
쉽다

一生懸命 열심히, 최
선을 다해

覚える 외우다, 암기
하다

'말'이라는 뜻으로 사용하는 단어는 言葉와 話가 있습니다. 言葉
는 단어 또는 언어를 의미하며 話는 이야기를 의미합니다.

日本語を学んだ方が
いいと思いますか。

니혼고오 마난다호-가 이-또 오모이마스까

'일본어를 배우는 편이 좋다고 생각하나요?'라는 뜻입니다. 상대방에게 일본어를 배우는 것에 대한 의견을 물어보는 표현입니다. 일본어를 배우고 있거나 배우기를 희망하는 사람 등에게 질문할 수 있는 대화 중의 하나입니다.

絶対必要だと思います。

젯따이 히쯔요-다또 오모이마스

꼭 필요하다고 생각합니다.

日本語が一番手軽に学べますよね。

니혼고가 이찌방 테가루니 마나베마스요네

일본어가 가장 손쉽게 배울 수 있지요.

学ぶ機会があったら学んだ方がいいと思います。

마나부 기까이가 앗따라 마난다호-가 이-또 오모이마스

배울 수 있는 기회가 있으면 배우는 편이 좋다고 생각합니다.

TIP

▶ 手軽には 어떤 일이나 방법과 함께 '손쉽게' 또는 '부담없이 쉽게'라는 뜻으로 사용할 수 있습니다.

☑ 일본어는 쉽게 배울 수 있다.

日本語は容易く学べる。

니혼고와 다야스꾸 마나베루

☑ 배울 시간이 있으면 배우면 된다.

学ぶ時間があったら学んだらいい。

마나부 지깐가 앗따라 마난다라 이-

☑ 일본어를 접할 기회가 많다.

日本語に触れる機会が多い。

니혼고니 후레루 기까이가 오-이

☑ 일본어가 꼭 필요하다고는 생각하지 않는다.

日本語が絶対必要だとは思わない。

니혼고가 젯따이 히쯔요-다또와 오모와나이

▶ 時間があったら는 '시간이 있다면'이라는 뜻으로 약속을 하거나 어떤 기회를 등을 말할 때에 사용되는 표현입니다. 어떤 상황을 가정하여 표현합니다.

Part 10 학습

단어

容易く 쉽게

触れる 접하다, 접촉하다

A : 야마다 씨, 일본어를 배우는 편이 좋다고 생각합니까?

山田さん、日本語を学んだ方がい
いと思いますか。

야마다상 니혼고오 마난다호-가 이-또 오모이마스까

B : 일본어는 한국어보다 간단해요.

日本語は韓国語より簡単ですよ。

니혼고와 간꼬꾸고요리 칸딴데스요

A : 한자가 자신이 없어서…

漢字が自信なくて…

간지가 지신나꾸떼

B : 일본사람도 한자를 못해요.

日本人も漢字が苦手ですよ。

니혼진모 간지가 니가떼데스요

A : 연습하는 수밖에 없군요.

練習するしかないですね。

렌슈-스루시까 나이데스네

B : 모르는 것이 있으면 저에게 물어 주세요.

わからないことがあったら私に聞い
てください。

와까라나이 고또가 앗따라 와따시니 끼-떼 구다사이

단어

自信 자신

苦手 질색, 달가워하지
않음

練習 연습

~が苦手는 어떤 내용이나 방법에 대해서 '서툴다' 또는 '능숙하지
못하다'라는 뜻입니다. 이때 사용되는 조사는 ~が입니다.

318

日本語を始めて何年に
なりますか。
니혼고오 하지메떼 난넨니 나리마스까

'일본어를 시작하고 몇 년이 되었나요?'라는 뜻입니다. 상대방에게 일본어를 공부한 기간이 얼마인지를 물어볼 때에 사용하는 표현입니다. 일본어를 배우고 있는 사람 등에게 질문할 수 있는 대화 중의 하나입니다.

かれこれ10年になります。
가레코레 쥬―넨니 나리마스

거의 10년이 됩니다.

まだ1年になりません。
마다 이찌넨니 나리마센

아직 1년이 안 됩니다.

3年目ですね。
산넨메데스네

3년째입니다.

TIP

▶앞에서 일본어로 순서 또는 순번을 나타내는 말은 숫자와 함께 番目를 사용한 다는 것을 설명했습니다. 위의 예문에서 보듯이 어느 기점을 기준으로 몇 년째를 말할 경우에는 순서가 아닌 년수를 말하는 3年目와 같이 사용하는 것을 알아 두 시기 바랍니다.

☑ 대략 세어봐도 5년이 되었습니다.

ざっと数_{かぞ}えて5年_{ねん}になります。

잣또 카조에떼 고넨니 나리마스

☑ 아직 1년은 못 미치는 정도입니다.

まだ1年_{ねん}に満_みたないくらいです。

마다 이찌넨니 미타나이구라이데스

☑ 빨리도 10년 넘었네요.

早_{はや}くも10年_{ねん}超_こしますね。

하야꾸모 쥬–넨 고시마스네

☑ 2년째입니다.

2年目_{ねん め}になりました。

니넨메니 나리마시다

단어

ざっと 대략

満_みたない 미치지 못하
다, 모자라다

超_こす 초월하다

~年目_{ねん め} ~년째

▶ざっと는 '대략' 또는 '대충'이란 뜻으로 정확한 계산
이 아니지만 어떤 내용을 전달할 때에 사용하는 표현입
니다.

A : 일본어를 시작하고 몇 년이 됩니까?

日本語を始めて何年になりますか。
<small>に ほん ご　　はじ　　　　なん ねん</small>

니혼고오 하지메떼 난넨니 나리마스까

B : 이미 5년이 됩니다.

はや5年になります。
<small>ねん</small>

하야 고넨니 나리마스

A : 꽤 향상했네요.

ずいぶん上達しましたね。
<small>じょうたつ</small>

즈이분 죠─타쯔시마시다네

B : 야마다 씨 덕분입니다.

山田さんのお陰です。
<small>やま だ　　　　　　かげ</small>

야마다상노 오까게데스

A : 이제 일본인처럼 말할 수 있어요.

もう日本人みたいに話せますよ。
<small>に ほん じん　　　　　　はな</small>

모─ 니혼진미따이니 하나세마스요

B : 아직 미치지 못해요.

まだまだ及びません。
<small>およ</small>

마다마다 오요비마셍

단어

はや 이미, 벌써

上達する 향상되다
<small>じょうたつ</small>

及ばない 미치지 못하다, 못 미치다
<small>およ</small>

~みたいは '~같이 보인다'라는 뜻으로 자신의 의견이나 확정적인 사실이 아니라 본인의 추측이나 전해 들은 내용에 대한 내용을 전달할 때 사용합니다.

321

何時から授業がありますか。
なん じ じゅ ぎょう

난지까라 쥬교-가 아리마스까

'몇 시부터 수업이 있습니까?'라는 뜻입니다. 학생 등의 상대방에게 수업 등의 일정의 시작 시점을 물어볼 때에 사용하는 표현입니다.

9時から授業があります。
じ じゅ ぎょう

구지까라 쥬교-가 아리마스

9시부터 수업이 있습니다.

午後から授業があります。
ご ご じゅ ぎょう

고고까라 쥬교-가 아리마스

오후부터 수업이 있습니다.

今日は授業がありません。
きょう じゅ ぎょう

쿄-와 쥬교-가 아리마센

오늘은 수업이 없습니다.

TIP

▶일본어에서 '9'라는 수는 きゅう 또는 く라고 발음할 수 있습니다. 위의 예문에서와 같이 9時를 말하고자 할 때에는 오직 く라고 발음하므로 9時라고 읽습니다. 참고로 개수를 말하는 '9개'는 9つ라고 말합니다.

☑ 수업은 몇 시부터입니까?

授業は何時からですか。

쥬교-와 난지까라데스까

☑ 오후는 수업이 몇 시부터 있습니까?

午後は授業が何時からあります
か。

고고와 쥬교-가 난지까라 아리마스까

☑ 시험기간이어서 수업이 없습니다.

試験期間なので授業はありませ
ん。

시껜끼깐나노데 쥬교-와 아리마센

☑ 매일 시간표가 정해져 있습니다.

毎日時間割が決まっています。

마이니찌 지깐와리가 끼맛떼 이마스

▶ 時間割는 '시간표' 입니다. 이는 하루의 일정을 시간
별로 분배해 놓은 계획을 말할 때에 사용합니다.

단어

授業 수업

試験期間 시험기간

時間割 시간표

A : 시미즈 씨, 내일은 몇 시부터 수업이 있습니까?

清水さん、明日は何時から授業があ
りますか。

시미즈상 아시따와 난지까라 쥬교-가 아리마스까

B : 내일은 오후 1시부터 있습니다.

明日は午後1時からあります。

아시따와 고고 이찌지까라 아리마스

A : 오전 수업은 휴강입니까?

午前の授業は休講ですか。

고젠노 쥬교-와 규-꼬-데스까

B : 교수님의 사정으로 휴강이 됐습니다.

教授の都合で休講になりました。

교-쥬노 쯔고-데 규-꼬-니 나리마시다

A : 원래 오전은 몇 시부터 수업이 있습니까?

もともと午前は何時から授業があり
ますか。

모또모또 고젠와 난지까라 쥬교-가 아리마스까

B : 오전 수업은 11시부터입니다.

午前の授業は11時からです。

고젠노 쥬교-와 쥬-이찌지까라데스

午後 오후

午前 오전

休講 휴강

일본어는 동일한 의미의 단어를 중복 사용하여 본래의 의미를 강조하는 단어가 많습니다. もともと는 '원래' 또는 '본디부터'라는 뜻으로, 동일한 의미를 가지는 元가 중복 사용되는 관용어입니다.

試験はどうでしたか。

しけん

시껜와 도-데시다까

'시험은 어땠나요?'라는 뜻입니다. 상대방에게 시험의 내용이나 결과를 물어볼 때에 사용하는 표현입니다.

意外と簡単でした。

いがい かんたん

이가이또 간딴데시다

의외로 간단했습니다.

文法の問題が難しかったです。

ぶんぽう もんだい むずか

분뽀-노 몬다이가 무즈까시깟따데스

문법 문제가 어려웠습니다.

結果が出るまで何とも言えないですね。

けっか で なん い

겟까가 데루마데 난또모 이에나이데스네

결과가 나올 때까지 뭐라고 말할 수 없습니다.

TIP

▶何とも言えないは 어떤 상황에 대하여 자신의 의견이나 생각을 쉽게 말할 수 없는 경우에 사용하는 표현 방법입니다.

なん い

Part 10 학습

☑ 시험 어땠어요?

テストどうでした。

테스또 도-데시다

☑ 의외로 어려웠습니다.

意外と難しかったです。

이가이또 무즈까시깟따데스

☑ 노력한 보람이 있습니다.

努力した甲斐がありました。

도료꾸시따 가이가 아리마시다

☑ 결과가 나올 때까지 얼마나 걸립니까?

結果が出るまでどのくらいかかりますか。

겟까가 데루마데 도노구라이 가까리마스까

단어

テスト 테스트, 시험

努力 노력

甲斐 보람, 효과

結果 결과

▶ '노력하다'는 努力する라는 말을 사용합니다. 비슷한 표현으로 頑張る가 있습니다. 이는 '열심히 하다'라는 뜻으로 일본인들이 가장 많이 쓰고 좋아하는 표현입니다.

A : 야마모토 씨, 시험은 어땠어요?

山本さん、試験はどうでしたか。

야마모또상 시껜와 도-데시다까

B : 생각했던 것보다 간단했습니다. 스즈키 씨는요?

思ったより簡単でした。鈴木さんは。

오못따요리 간딴데시다 스즈끼상와

A : 공부했는데 한 가지 떠오르지 않아서.

勉強したのに一つ思い出せなくて。

벤쿄-시따노니 히또쯔 오모이다세나꾸떼

B : 결과가 나올 때까지 몰라요.

結果が出るまでわからないですよ。

겟까가 데루마데 와까라나이데스요

A : 결과는 언제 나오나요?

結果はいつでるんですか。

겟까와 이쯔데룬데스까

B : 다음 주에 인터넷으로 알려 줄 모양입니다.

来週ネットで知らせるようです。

라이슈- 넷또데 시라세루요-데스

단어

思ったより 생각했던 것보다

勉強 공부

思い出す 생각이 떠오르다

ネット 인터넷

知らせる 알려 주다

知らせる는 수동형으로 사용하여 행위의 주체로부터 '알게 된다는 뜻을 가집니다. 참고로 소식이나 알림 등은 知らせ라고 합니다. 특히 공고문 등의 제목으로 알림이라고 할 때는 お知らせ라고 합니다.

★ 091 뭔가 질문 있나요?
何か質問ありますか。
나니까 시쯔몬 아리마스까

★ 092 전공이 뭔가요?
専攻は何ですか。
센코-와 난데스까

★ 093 학원에 다니고 있습니까?
塾に通っていますか。
쥬꾸니 가욧떼 이마스까

★ 094 과제 제출은 언제까지인가요?
課題はいつまで提出ですか。
가다이와 이쯔마데 테-슈쯔데스까

★ 095 배우고 있는 것이 있나요?
習い事をしていますか。
나라이 고또오 시떼 이마스까

★ 096 일본어는 어렵나요?
日本語は難しいですか。
니혼고와 무즈까시-데스까

★ 097 일본어를 배우는 편이 좋다고 생각하나요?
日本語を学んだ方がいいと思いますか。
니혼고오 마난다호-가 이-또 오모이마스까

★ 098 일본어를 시작하고 몇 년이 되었나요?
日本語を始めて何年になりますか。
니혼고오 하지메떼 난넨니 나리마스까

★ 099 몇 시부터 수업이 있습니까?
何時から授業がありますか。
난지까라 쥬교-가 아리마스까

★ 100 시험은 어땠나요?
試験はどうでしたか。
시껜와 도-데시다까